KB232811

회심의 변질

The Change of Conversion and the Origin of Christendom

초대교회의 회심을 돌아보다

알렌 크라이더

박삼종·신광은·이성하·전남식 옮김

회심의 변질

지은이	알렌 크라이더 Alan Kreider
옮긴이	박삼종 · 신광은 · 이성하 · 전남식
초판발행	2012년 12월 20일
개정 4쇄	2024년 3월 1일
펴낸이	배용하
책임편집	박민서
등록	제364-2008-000013호
펴낸곳	도서출판 대장간
	www.daejanggan.org
등록한곳	충남 논산시 매죽헌로 1176번길 8-54, 101호
대표전화	전화 041-742-1424 전송 0303-0959-1424
분류	교회사	초대교회	회심
ISBN	978-89-7071-278-9 03230

 값 10,000원

THE **CHANGE** *OF*
CONVERSION *AND*
THE **ORIGIN** *OF*
CHRISTENDOM

ALAN KREIDER

함께 옮긴이가나다순
박삼종 전도사대전평화의마을교회
신광은 목사대전열음터교회
이성하 목사원주가현교회
전남식 목사대전꿈이있는교회

* 이 책은 2010년 가을부터 6개월 간 대전의 아나뱁티스트 독서모임에서 함께 공부했던 결과물
  입니다. 개정판에서는 전남식목사가 전체적으로 다듬었습니다.
* 이 책에서 인용한 성경은 특별한 설명이 없다면 대한성서공회의 새번역입니다.
* 이 책에서 중요한 자료로 인용한 교부및 중세문헌목록은 책의 뒤쪽에 따로 붙였습니다.

〈대장간 편집부〉

차례

추천의 글 _ 박총   7

옮긴이 글   15

서론   19

1장 저스틴과 키프리안의 회심   29

2장 초기 기독교의 매력   45

3장 회심의 여정   63

4장 콘스탄틴, 유혹을 확대하다.   82

5장 대중적인 신앙문답교육:시릴과 크리소스톰   98

6장 반대하는 자를 유혹하기: 어거스틴과 볼루시안   116

7장 그리스도인을 변화시킨다: 아를의 캐사리우스   143

8장 회심의 산물인 크리스텐덤과

　　기독교의 미래에 대한 몇 가지 단서들   167

참고문헌   201

교부 및 중세 문헌 목록   208

타락한 회심의 회심을 바라며

박 총｜도시형 재속재가수도원 '신비와저항' 원장, 『욕쟁이 예수』 저자

신앙의 꽃은 단연 회심입니다. 거듭남, 속죄, 구원 등 기독교 신앙의 알짬인 단어들도 회심이란 장미꽃을 둘러싼 안개꽃에 지나지 않습니다. 또한 회심은 리트머스지이기도 합니다. 회심이 시대와 지역에 따라 다르게 이해, 적용되었다는 점에 착안해 볼 때 교회가 얼마나 건강한지 측정해볼 수 있는 검사지의 역할을 해줍니다.

졸저 『욕쟁이 예수』에서 집요하게 파헤쳤듯이 저는 회심이란 항시 '삶의 방식으로서의 회심conversion as a way of life'으로 이해합니다. 이전에 추구하던 제국의 삶의 방식에 대한 절절한 통회 및 하나님 나라의 삶의 방식으로 돌이킴이 없다면 진정한 회개로 보지 않는 '교만한' 습관을 갖고 있습니다. 이를 테면 38년 된 병자가 유일한 희망이었던 베데스다 연못을 떠난 것처럼 무한 경쟁과 승자 독식Winners take all의 게임을 버리고 평화와 상생을 추구하지 않는 회개는 가짜로 봅니다. 또 세리장 삭개오가 재산의 반을 내놓고 토색한 액수를 4배로 갚았던 것처럼 지갑과 신용카드, 은행계좌의 회심이 없는 회개를 거짓으로 봅니다. 그런데 오늘날 교회는 여전히 성공, 번영, 권력을 추구하는 이들이 고작 양심의 가책을 고백하는 것만으

로 그들에게 구원이 임했다고 선포하는 것은 물론 그동안 추구하던 것을 예수의 이름으로 축복해주기까지 합니다. 이런 행태야말로 본회퍼가 통렬하게 비판했던 '값싼 은혜'cheap grace에 다름 아닐 겁니다. 그러니 교회 봉사는 많이 하지만 부자가 되지 못해 안달이 난 집사 자영업자, 엄청난 십일조를 교회에 내지만 자기 회사에서 비정규직을 무차별 양산하는 장로 사장이 나오는 거지요.

그런데 역설적이게도 한국교회처럼 회심의 경험과 구원의 확신을 강조하는 곳도 없습니다. 지하철을 타면 객차 사이를 오가며 "예수 믿고 구원 받으라!"고 고압적인 자세로 외치는 사람을 심심찮게 봅니다. 한 번은 승객들 모두가 불편해하던 중 보다 못한 한 분이 "나도 교회 다니니 그만 하시오!" 했습니다. 그 무례한 전도자는 눈을 부릅뜨며 "그냥 교회 다니는 거 말고 정말 거듭났소? 정말 구원의 확신을 가졌소?"라고 덤벼들었습니다. 다른 이에게 구원의 확신을 윽박지를 정도로 자신의 구원에 대해 자신만만한 사람은 대체 어떤 회심을 경험한 것일까요? 일개 인간인 제게 감히 다른 사람의 회심 여부를 판단하는 만용이 용납된다면, 그런 사람일수록 참된 회심에 이르지 않았을 가능성이 크다고 봅니다.

초대 교회의 지독한 회심

이런 꼴을 누차 겪다 보면 자연스럽게 성경과 초대교회는 회심을 어떻게 이해했는지 궁금해지기 마련입니다. 알렌 크라이더의 『회심의 변질』은 바로 이런 문제의식에 대한 가장 훌륭한 답변입니다. 저

이 책은 성경과 초대교회에서

회심을 어떻게 이해했는지에 대한 훌륭한 답변이다

자인 알렌을 처음 만난 건 국내에 아직 역간되지 않은『크리스텐덤 이후의 예배와 선교』*Worship and Mission After Christendom* (with Eleanor Kreider, 2011년)를 통해서였습니다. 그 역작에서 알렌과 엘레노어는 빠짐없는 탄탄한 자료 조사와 통찰력 있는 문장으로 예배와 선교 이해의 새 지평을 열어젖혔습니다. 알렌은 아나뱁티스트로서의 전통을 창조적으로 반영하되 거기에 갇히지 않고, 다양한 교파와 교단에서 수학하고 예배하고 사역한 풍부한 경험을 담아내는 등 에큐메니컬한 저자로서의 역량을 증명했습니다. 또한 서의 매 페이지에 남신 풍부한 성경 구절은 복음적이고 성서 중심적인 신학자의 면모까지 보여주었습니다.

본서에서도 알렌은 회심이 어떻게 이해되었고 어떻게 변질되어가는지를 탄탄한 자료 읽기를 토대로 하여 한 마리의 사냥개처럼 그 경로를 주도면밀하게 추적했습니다. 오늘날 회심이 흔히 심리적인 변화로 이해되는 것과는 달리, 알렌은 초대교회의 회심에 3B, 즉 Belief신념, Behavior행동, Belonging소속의 세 가지 변화가 수반됨을 확인하고는 큰 충격을 받았다고 고백합니다. 본서에 인용된 다른 학자의 말을 빌자면 "회심의 과제는 삶의 방식과 가치 체계의 총체적 과정을 재구성하는 것"이 마땅합니다. 그런데 저명한 교회사학자들조차 이러한 차원을 간과하기 일쑤인 것은 그들도 회심에 대한 우리 시대의 이해에 젖어 있기 때문일 겁니다.

이렇듯 3B에 걸친 변화가 뚜렷했기 때문에 당시 그리스도인들의 삶은 다른 이들을 개종시킬 만큼 충분히 매력적이었고, 이는 당대 교회 성장의 열쇠였음을 본서는 잘 보여줍니다. 놀랍게도 교부인 캐실리우스나 터툴리안의 저작에는 대중 전도가 언급된 적이 없으며, 그러한 것은 존재하지도 않았습니다. 이 대목에서 성 프란체스코의 그 유명한 "항상 복음을 전파하라. 꼭 필요하면 말도 사용하라"를 떠올리는 것이 저만은 아닐 겁니다. 반면, 한국교회가 연예인을 동원하고 값비싼 선물을 나눠주는 등 장사치처럼 복음을 파는 것은 참된 회심과 그에 따른 매력적인 삶의 부재를 보여주는 징표입니다.

키프리안 학파는 120개의 교훈을 남겼는데 여기에도 비그리스도인들에게 신앙을 전해야 한다는 항목이 없었다고 합니다. 그리스도인의 구별된 삶의 양식이 말보다 더 웅변적이었기 때문이었겠지요. 대신 '경제적 재분배'의 실천으로서의 '선행과 자비'가 크게 강조되었는데 이는 키프리안에게 회심과 직결된 문제였습니다. 『사도전승』 역시 세례를 희망하는 신앙문답자들이 가장 먼저 맺어야 할 삶의 열매로, 궁핍한 자들에 대한 세심함attentiveness을 듭니다. 이런 흐름은 자발적인 물질의 나눔이 없다면 아무리 거듭 났다고 주장한들 죽은 믿음을 가졌을 뿐이라는 사도 야고보의 유명한 일갈까지 거슬러 올라갑니다.

당대인들은 그리스도인들이 핍박과 처형을 당하는 것을 수시로 목도했고, 기독교로의 개종은 자신들의 재산, 지위, 목숨을 잃는 것임을 알았습니다. 그럼에도 그들을 하나님 앞으로 끌어당긴 당시 그리스도인들의 매력은 대체 어디서 온 것일까요? 기독교 신앙에 관심을 갖는 이들에게 세상에서 볼 수 없는 친절과 따뜻함, 포용과 관대함으로 대했기 때문일까요? 우리의 선先이해와는 딴판으로 초대 교회는 예비 신자들에게 결코 너그럽지 않았습니다. 노리어 가혹할 정도로 엄격한 윤리적 기준을 고수했고 이를 준수하는 경우에만 형제자매로 받아들였습니다. 이를 테면 어떤 사람이 군복무 같은 곤란한 직업에 몸담고 있다면, 살인을 하지 않겠다고 약속한 경우에만 신앙문답예비자로 받아들였습니다. 만약 군인이 살인을 하거나 신앙문답예비자가 군대에 입대하면 거절당했습니다. 그리스도인이 되기를 희망하는 자가 공동체의 높은 기준에 따라 살지 않았다는 이유로 그들을 예비자로도 받아주지 않는 건 오늘날 우리로서는 이해가 되지 않는 대목입니다. 이토록 율법적으로 보이는 기독교가 어떻게 번성할 수 있었을까요? 사람을 걸려 넘어지게 하는 스캔들로서의 예수가 우리의 구원이 되듯이, 사람을 걸려 넘어지게 할 정도로 지독한 회심이 교회 성장의 동력이 되었던 것이지요.

회심의 타락이 기독교의 원죄다

이 드높던 회심, 이 지독한 회심이 어떻게 축소, 변질, 타락하는 지를 알렌은 본서에서 바특하게 톺아봅니다. 콘스탄티누스 황제의 개종 이후 회심이 어떻게 "심리적 변화"로 축소되는지, 어거스틴의 『고백록』 이후 어떻게 변화가 아닌 "경험"이 회심의 가장 중요한 요소가 되는지 그리고 오늘날 복음주의자들에게까지 이어졌는지 잘 보여줍니다. 또한 "칼을 쳐서 보습을 만드는" 평화의 공동체로 스스로를 정의하던 교회가 어떻게 제국의 안전에 가장 크게 이바지하는 종교로 변질됐는지, 귀족의 신분을 내보이는 자색 옷을 벗지 않으면 침례를 베풀지 않았던 교회가 어떻게 부자들의 회심을 독려하기 위해 그들의 입맛에 맞는 설교를 하게 됐는지, 콘스탄티누스 황제가 침례를 원할 때조차 그에 응당한 삶의 변화를 요구했던 교회가 어떻게 프랑크 왕 클로비스에겐 투구를 쓴 채로 침례를 베풀고 "하나님이 왕의 군대에 더 큰 힘을 주실 것입니다"라고 축복하게 됐는지, 천하고 소외된 자들이 영글어낸 변화의 열매를 통해 성장했던 교회가 어떻게 힘없는 이들에게 복음을 강요하고 심지어 유대인들을 협박하여 개종하게 했는지를 조목조목 보여줍니다. 이로써 기독교는 완연히 크리스텐덤에 접어들었고 이제는 역류crosscurrent가 아닌 주류mainstream에서 헤엄치게 됐습니다. 신학생이면 대부분 읽게 되는 곤잘레스의 교회사 3권이 있습니다. 초대교회사에서 아직도 잊히지 않는 인상적인 대목이 있는데, 그건 초대 교회의 교리문답에는 3년이 소요됐고, 교리 교육과 각종 시험trial은 물론이거니와 회심의 깊이를 보여주는

이 책을 통해 오랫동안 묻혀 있던
참된 회심의 새싹이 우리 안에 돋아나기를,
그리하여 우리네 삶 속에 지천으로 피어나기를…

일상생활 속에서의 증거까지 철저히 검증한 다음 세례를 베풀었다는 대목입니다. 그런데 지배 종교가 된 기독교는, 삼년이던 신앙문답예비과정을 무려 칠일에서 열흘로 축소시켰고, 고작 주기도문, 사도신경, 십계명 등에 관한 지식을 잘 전달하기만 하면 신앙문답 교육이 성공적이었다며 기뻐하게 됩니다. 이후 기독교가 얼마나 암울한 타락을 거듭했는지는 내남이 아는 바와 같습니다. 개탄스럽게도 오늘날 한국교회는 세례 받기 전날 토요일 저녁 단 한 시간을 쓰는 게 고작입니다. 3B 중에서 행동과 소속은 고사하고 신념이라도 제대로 확인할 수 있을까요? 그러니 십일조 잘 내고 교회 봉사 잘 하면 누구보다도 확실히 거듭난 사람으로 여겨지는 게 우리네 현실입니다.

명토 박아 말하건대, 회심은 결코 일회적 사건이 아닙니다. 그것은 그리스도인들의 전 생애에 걸쳐 거듭거듭 일어나는 영속적 사건입니다. 우찌무라 간조가 그의 회심기에 썼듯이 기독교라는 것이 추상적인 교리가 아니라 우리와 더불어 "생명의 연합으로 결합되어야 하는 살아 있는 신적인 인격"이라면, 회심 또한 그 생명의 연합에서 나오는 3B신념, 행동, 소속의 변화일 수밖에 없습니다.

코다: 회심을 어떻게 구원할 것인가?

알렌 크라이더의 이 역작을 읽는 분들은, 회심의 타락이야말로 교회와 성도가 타락하게 만든 원흉임을 새삼 확인하게 될 것입니다. 회심의 변질은 가히 2천년 교회사의 원죄라 해도 과언이 아닙니다.

적어도 이 책을 집어 드신 분들이라면 한국교회의 타락을 아파하는 분들일 겁니다. 적어도 한국교회의 갱신을 눈물로 간구하는 분들일 겁니다. 형제 중 작은 자의 하나로 간곡히 부탁합니다. 우리 함께 이 책을 읽읍시다. 그리고 주님의 음성에 귀 기울입시다. 어리석은 우리들은 무엇을 어떻게 시작해야 할지 모르지만, 한 가지만큼은 분명합니다. 오랫동안 타락해온 회심을 회심하게 할 수 있다면 교회와 성도의 참된 회심도 가능하다는 것을 말입니다.

이 책을 통해 오랫동안 묻혀 있던 참된 회심의 새싹이 우리 안에 돋아나기를, 그리하여 우리네 삶 속에 지천으로 피어나기를 간절히 비손합니다.

'구원의 확신'을 넘어 '회심'으로

전남식 | 꿈이있는교회 목사

신약성경은 회심의 이야기로 가득 차 있습니다. 회심이란 과거의 잘못된 삶에서 올바른 삶으로의 '돌이킴'turning을 의미합니다. 돈과 권력, 섹스, 차별의 거짓 이데올로기에서 탈출exodus하여, 하나님 나라로 전향하는 것이 바로 회심입니다. 갈릴리 호수에서 예수를 만난 제자들은 배와 그물, 심지어 가족들까지 버려두고 예수를 따라 나섰습니다. 삭개오는 자신이 가진 재산의 절반을 가난한 자들에게 환원할 것과 불법적인 방법으로 착복한 것은 네 배로 갚겠다는 비장한 고백을 하였습니다. 반면 그 이야기 바로 전에는 부자 관원이 재물 때문에 근심하며 예수를 떠나가는 장면이 등장합니다. 예수는 간음한 여인에게 용서와 함께 앞으로는 그러한 죄를 반복하지 말라고 명하셨습니다. 경계선 밖에서 살아가야 했던 문둥병자와 귀신들린 자를 회복시킨 예수는 그들을 공동체 안으로 들여보냈습니다. 사도행전에서는 오순절 이후 교회 공동체가 탄생하였는데, 이 공동체는 로마 제국과는 전혀 다른 유형이었습니다. 서로 모여 물질을 나누고, 갇힌 자들과 병자들을 포함한 소외 계층을 찾아갔습니다. 서신서들은 공통으로 전반부에서는 신학적인 내용을 다루고 있지만, 후반부에서는 삶의 구체적인 변화를 다루고 있는데, 그 내용을 살펴보면 돈과 권력, 섹스, 차별로부터 해방된 삶으로 요약할 수 있습니다. 그런 의미에서 회심은 곧 새로운 출애굽이요, 해방이라고 할 수 있습니다.

초기 기독교는 성서적 전통을 이어받아 삶의 총체적 변화로서의 회심을 강조하였습니다. 박해 상황 속에서 교회는 외부의 위협과 유혹으로부터 자신의 정체성을 지켜가야 할 절박한 상황에 놓여 있었습니다. 이 때문에 초기 교회는 양적 성장에는 별다른 관심이 없었습니다. 오히려 누군가가 예수를 믿겠다고 교회 공동체를 찾아오면, 교회의 지도자들은 그가 교회를 와해시키기 위해 파견된 로마 당국의 첩자일 수도 있다는 가능성을 열어놓고 그를 철저히 검증해야만 했습니다. 기본적으로 한 사람이 교회 공동체에 속하려면 3년 이상이 소요되었고, 그 기간에 그의 진정성을 거듭 확인했습니다. 일상의 삶에서 그가 나그네를 대접하고, 죄수들을 찾아가 위로하고, 물질을 나누고, 원수를 용서했는지를 점검했습니다. 이를 저자는 3B, 즉 신념Belief, 행동Behavior, 소속Belonging으로 정리하고 있습니다. 초기 기독교에서 회심이란 삶의 총체적 변화 자체였습니다. 이러한 회심이 제국을 변화시켰던 원동력이 된 것이지요.

하지만, 콘스탄티누스 이후 로마는 기독교 국가, 즉 크리스텐덤이 되었습니다. 핍박을 받던 자들이 박해자가 되었습니다. 박해라는 범주는 오직 비그리스도인이 그리스도인을 향해 가할 때만 성립되는 것으로 간주하였습니다. 제국의 모든 사람은 그리스도인이 되어, 그리스도인처럼 행동하였습니다. 공직에 진출하기 위해, 고위직에 오르기 위해, 직장을 얻으려고, 왕에게 잘 보이려고, 정보를 얻으려고. 반면 왕은 국가를 효율적으로 통치하기 위해 그리스도인처럼 행동하였던 것입니다. 교회로 밀물처럼 몰려오는 사람들을 관리하고, 성장의 기회를 놓치지 않으려고 교회는 신앙문답과정을 점차 간소화해야 했습니다. 공동체가 급속도로 커지자, 개개인의 삶을 점검하는 것이 불가능해졌습니다. 얼마 전까지만 해도 이교도였던 사람들에게 기독교 신앙을 강조하다 보니 반발도 이만저만이 아니었습니다. 왕을 비롯한 귀족에게는 구체적인 삶의 변화를 강조하기가 어려워졌습니다. 따라서 교회의 지도자들은 회심을 공동체 차원이 아닌, 하나님과 개인의 문제로 축소하기 시작했습니다. 개인의 윤리와 국가의 윤리라는 이중 기준을 제시함으로써, '지상의 도성'과 '하나님의 도성', '도덕적 인간과 비도덕적 사회'라는 '두 왕국론'을 만들어 냈습니다.

결국, 회심은 내면세계, 개인의 윤리로 축소될 수밖에 없었습니다. 교회에서 '회심'이 실종되었고, 대신 '구원의 확신'이 주인행세를 하고 있습니다. 삶의 총체적 변화change를 의미했던 회심이 실천적 윤리가 빠진 예식ritual이나 체험 위주의 회심으로 변질change하고만 것입니다.

2년 전 어느 날, 이성하 목사님이 도서관에서 이 책을 발견한 것이 번역의 계기가 되었습니다. 교회가 세상과 구별할 수 없을 만큼 뒤섞여 버린 현실을 인식하고, 세상을 향해 예언자적 목소리를 내

야 하는 교회가 세상으로부터 비난을 듣는 현실에 개탄에 마지않던
자생적 아나뱁티스트들이 3년 전에 모임을 하게 되었고, 그 후 미국
의 허현 목사님의 열정적인 헌신으로, '한국 아나뱁티스트 펠로우
십'Korean Anabaptist Fellowship: KAF이 결성되었습니다. 이 모임에서 매
주 모여 공동 식사를 하고, 아나뱁티스트에 관련한 책을 읽고, 함께
형제애를 나누던 중 이 책을 공동으로 번역하기에 이르렀습니다.
나아가 특별한 사명감으로 대장간 출판사를 운영하는 배용하 대표
님의 적극적인 지원으로 이 책이 한국 독자의 손에 들려지게 된 것
입니다.

부디 이 책이 구원의 확신 차원에서 다시 회심을 노래하는데 미
약하나마 도움이 되었으면 하는 바람입니다. 이 땅에서 하나님 나
라를 꿈꾸며, 하나님께서 주실 상급을 바라보는 비순응주의자, 진
정한 항거자, 제국의 문화에 대한 저항자로 살아가고자 하는 도전
을 주었으면 합니다. 많은 것을 축적하고, 높은 권좌에 올라야 성공
하는 것이라는 가르침에 대해, "사랑의 나눔 있는 곳에 하나님께서
계시도다"를 소리 높여 부르는 회심의 작은 물결이 일어나길 기대
합니다.

서 론

    새천년으로의 전환기에 책을 쓴다는 것은 실로 흥미로운 일이 아닐 수 없다. 이러한 변화는, 이론상으로는 좀처럼 일어날 수 없는 것으로, 모든 학파의 석학들을 위한 거부할 수 없는 기회라 할 수 있겠다. 필자가 본서를 저술하는 지금도 많은 학자와 대중 작가들은 과거 500년 동안 세계 역사를 지배해 왔던 서구 문화에 관심을 집중하고 있다. 서구 문화는 그 동안 참으로 막강한 영향력을 행사해 왔지만, 밀레니엄* 막바지에 이르면서 방향 감각을 상실하고 말았다! 서구 문화가 추진해 왔던 목적은 무엇이었으며, 어떤 무질서anomie가 이것을 괴롭히고 있는가! 이러한 상황에서도 문화 연구가 계속해서 확산되고 있는 학문이라는 사실은 그리 놀랄만한 일은 아니다.

    서구 문화 분석학자들 가운데에는 서양의 그리스도인들도 있기 마련이다. 그 문화가 우리의 문화이기 때문에, 서양에 관심을 갖는 것은 당연한 일이다. 우리는 여전히 서구 문화를 사랑하며 서구문화의 안녕에 깊이 헌신하고 있기 때문이다. 더욱이, 이곳이 선교로의 소명의 자리이기 때문에 이 문화에 관심을 갖는 것은 당연한 일

---

* 20세기(*표는 옮긴이 주이며, 원서의 주는 장별로 후주 처리 함)

이다. 많은 교회들이 고군분투하고 있다. 교회가 사람들로부터 인기를 끄는데 실패했고, 대중의 삶에 아무런 영향을 미치지 못함에도 불구하고 우리는 여전히 교회를 사랑한다. 특히 서양이 기독교 문화라고 불려왔기 때문에 우리는 서양에 관심을 갖고 있는 것이다. 17세기에서부터 현시대에 이르기까지 면면이 이어져 왔던 이 문화 현상을 "크리스텐덤"Christendom*이라고 부른다. 오늘날 일부 학자들 사이에서 크리스텐덤이란 주제는 격렬한 논쟁의 대상이 되고 있다. 이러한 현상은 여러 저술들에 반영되어 있으며, 본서 역시 그러한 책들의 일부분이다.

필자는 크리스텐덤에 관한 토론을 환영한다. 지난 30년 간 영국에서 살아왔던 미국인으로서 다양한 차원에서 타나나는 크리스텐덤 현상을 수용해야만 서구 기독교의 현대적 질병이 무엇인지를 제대로 이해할 수 있다는 사실을 깨닫게 되었다. 기독교의 과거가 기독교의 현재를 형성한다. 그러나 많은 사람이 이 일을 인식할지는 몰라도, 크리스텐덤을 전문 용어로 정의하거나, 이 현상을 체계적으로 논의하려는 시도는 거의 없었다.

---

* 크리스텐덤을 우리말로 번역하는데 긴 시간을 고민했다. 기독교 왕국, 기독교 국가, 크리스텐덤, 기독교 세계, 기독교제국주의 등을 놓고 고민했지만 최근 크리스텐덤을 사용하는 사람들이 늘어가는 추세를 감안해 이 용어로 결정하고, 그 의미를 각주로 부연설명하기로 했다. 크리스텐덤은 문화적 의미로는 전 세계의 그리스도인들 공동체를 의미하며, 역사적 혹은 지정학적 의미로는 기독교가 주류인 나라, 기독교가 지배하는 나라를 말한다. 이 단어는 원래 서로마 제국의 몰락과 샤를마뉴 통치 기간과 이후 종교 이후 교황제도가 발전하면서 생긴 중세적 개념이다. 하나님과 그리스도가 교회를 통해 세상을 통치하시고 교회를 보호한다는 전제로, 교회가 주류로서 세상의 문화를 주도해 나가려는 현상을 크리스텐덤이라고 한다.

필자는 본서에서 크리스텐덤에 관한 간략한 분류를 시도하고자
한다. 필자의 논지는, 크리스텐덤의 분명한 특징들을 제대로 간파
하려면 회심에서 사용된 수단을 연구해야 한다는 것이다. 여기에서
필자는 50여 년 전 저명한 미국 교회 역사학자인 라투렛Kenneth Scott
Latourette이 제시한 실마리를 따르고 있다. 그의 방대한 저서『기독교
확장사』History of the Expansion of Christianity 제1권 서두에서 라투렛은 이
질문을 이렇게 숙고하고 있다: "어느 정도까지 중세와 근대 유럽이
사람들의 회심에 사용된 수단에 영향을 받았을까?"1944:xv 라투렛은
이 질문에 답변하지 않았으며, 필자 역시도 짧은 이 책에서 이 질문
을 제대로 다룰 수는 없을 것이다.

필사는 앞으로 세 가지를 시도하고자 한다. 첫째, 초기 그리스도
인의 회심 사건을 다룰 것이며, 그들의 그리스도인이 되는 과정을
자세히 살펴볼 것이다. 많은 학자들이 필자보다 먼저, 혹은 동시에
이 문제에 관심을 보여 왔던 것이 사실이다. 학자들은 너나할 것 없
이 고대 세계에서 변화의 한 양상으로서의 회심을 관찰해 왔다. 에
피스트레포epistrepho, 메타노이아metanoia, 컨버시오conversio란 용어는
어원상 변화라는 의미를 함축하고 있다. 하지만, 학자들의 관심사
는 이러한 변화의 다양한 차원에만 집중해 왔다. 알란트Kurt Aland와
노크Arthur Darby Nock는 무엇보다도 신념belief에 집중했다. 알란트는
회심이란 "신념의 변화"라고 정의한 반면, 노크는 회심을 "개인의
영혼의 방향 재설정"으로 보았다. Aland 1961; Nock 1933:7 이에 대해 믹
스Wayne Meeks는 소속belonging에 특별한 주의를 기울였다. 그에게 회

심의 공동체적 차원"대안 공동체로의 재사회화"은 어느 것보다도 중요한 관심사였다1993:26. 이와는 대조적으로 맥뮬런Ramsay MacMullen은 회심의 경험적 차원, 특히 잠재적 회심자가 경험하는 초자연적 능력과의 조우에 집중했다.1983 핀Thomas Finn은 로마 가톨릭 교회에서 현재 통용되는 입교 프로그램에 보조를 맞추어, 회심의 예식적ritual 차원에 방점을 두었다.1997 그리고 함리스William Harmless는 초기 기독교 상황에서 회심에 대한 어거스틴의 접근법을 연구했는데, 그의 괄목할 만한 이 연구에서 "전 생애에 걸친, 공동체적인, 그리고 모든 사람에게 요구되는 회심의 여정"에 대해 논의했다..1995:362

본서에서 전개하겠지만, 필자는 감사하게도 이러한 학자들의 연구에 의지하고 있다. 그들 중 어떤 이들에게는 상당한 빚을 지고 있다. 그들은 회심에 대해 전반적으로 다루면서 그 속에서 설명해야 했던 이야기의 중요한 측면들이 무엇인지 지적해 주었다. 그러나 거기에 필자는 몇 가지를 덧붙여 강조할 것이다. 초기 그리스도인들의 기록을 읽으면서 필자는 회심이 단순히 신념belief의 변화와만 관련된 것이 아니라 소속belonging과 행동behavior의 변화와도 관련되어 있다는 사실에 적잖이 놀랐다.* 초기 기독교의 회심에 대해 글을 쓰는 학자들은 종종 이것을 너무 일반화시켜 다루었다. 최근 제시된 한 가지 예를 주목해 보자. "회심의 과제는 삶의 방식과 가치 체계의 총체적

---

* 저자는 회심에 수반되는 세 가지 변화를 의도적으로 알파벳 B로 시작하는 단어를 선택하고 있다. 즉, 회심이 수반하는 세 가지 변화는 3B, 즉 belief(신념), behavior(행동), belonging(소속)의 변화다.

과정을 재구성하는 것이었다."Finn 1990:609 그러나 학자들은 자주 이러한 차원을 간과하여, 상당히 유명한 사람들을 포함하여 초기 기독교 회심자들의 이야기를 다룰 때, 본문에서 눈에 띌 정도로 뚜렷하게 나타나는 윤리와 공동체 연대solidarity에 대한 관심을 간과하였다. 필자는 다차원적 변화의 과정과 관련된 회심의 전반적인 이해에 대해 초점을 맞추고자 한다. 필자의 생각으론 초기 기독교 시대의 회심은 신념, 소속, 그리고 행동의 변화가 함의된 것이었다. 초대교회 당시 그리스도인들이 말로 증거 하기가 어려운 상황이었다는 점을 고려할 때, 그러한 변화는 매우 강력한 하나님 경험을 통해 일어났음이 분명하다.[1]

둘째, 필자는 회심의 변질이 어떤 식으로 일어났는지를 연대기적으로 살펴볼 것이다. 여러 세기가 지나가면서, 그리스도인은 충성adherence을 유도하고 강제적으로 이끌어낼 영향력과 능력이 커짐에 따라, 회심의 내용과 형태로 달라지기 시작했다. 친숙한 용어들이 기독교 어휘 속에 남아 있다. 전통적인 종교 예식은 계속해서 거행되었다. 신념, 소속, 그리고 경험에 의해 수반되는 행동이란 개념은 일부 요소들이 변질되면서 계속해서 살아남았다. 앞으로 살펴보겠지만, 6세기 중반 갈리아Gaul의 아를Arles이란 도시의 주교인 캐사리우스Caesarius는 사람들에게 2세기 중반 로마의 저스틴이 경험했던 회심과 다른 회심을 주장했다. 크리스텐덤이라는 새로운 서구 기독교 문명이 동튼 지 400년 후, 변화change를 수반했던 회심 자체가 변질되고 만 것이다.changed

셋째, 필자는 크리스텐덤을 들여다 볼 것이다. 필자는 이 용어가 서구 역사에서 아주 핵심적인 개념으로, 이 용어가 너무 자유분방할 정도로, 그 의미에 대해서는 거의 개념 없이 사용되었다고 생각한다. 크리스텐덤이 해체disintegration되는 시대에, 크리스텐덤의 특성과 내적 역동성에 대해 더 깊이 생각해 볼 필요가 있다. 필자가 연구한 바와 같이, 라투렛의 예감hunch은 옳았으며, 서구 기독교의 특징은, 이것을 양산해 낸 회심의 수단이라는 측면에서 살펴보아야 명료해질 수 있다고 생각한다. 따라서 필자는 신념, 소속, 그리고 행동이라는 범주 하에서 크리스텐덤을 살펴볼 것이다. 또한 오늘날 인기 있는 질의 모델query model을 통해 초기 기독교의 회심에서 얻은 내용들을 제시할 것이며, 기독교 사상에 대한 대안적 형태와 미래를 위한 실천 방안을 모색할 것이다.

1960년대 대학생 시절이었을 때, 필자는 버터필드 경Sir Herbert Butterfield의 『기독교와 역사』Christianity and History라는 책을 읽은 적이 있다. 책을 펼치면서부터, 필자는 이 책에 매료되었고, 이 책의 몇 구절은 지금도 계속해서 필자의 의식세계에서 울려 퍼지고 있다. 1980년대 말, 영국의 종교개혁에서 초기 기독교로 연구 분야를 바꿀지를 고민하고 있었을 때였다. 그런 상황에서, 캠브리지 대학에서 근대 역사에 대한 왕실 담당Regius교수이자 감리교 평신도 설교가였던 버터필드는 기독교 역사에 대한 한 가지 접근법을 제시했고, 필자는 그것을 연구하기로 결정했다. 만일 버터필드가 옳다면, 기독교 역사에 대한 연구는 미래를 위한 방향성을 제시해 줄 수 있을 것이다.

1,500년이란 시간이 흐른 후에야 마침내 어느 누구도 정부의 강요 때문에 그리스도인이 되었노라고 말할 필요가 없게 되었고, 또는 그리스도인이 되어야 법정에서 유리한 고지를 점할 수 있다거나, 또는 공직 진출을 위한 자격 획득을 위해 필요한 일이라거나, 여론이 순응을 요구하기 때문에, 또는 교회에 다니지 않으면 고객을 잃을지도 모르기 때문에, 심지어 습관과 지적인 나태함으로 정해진 습관대로 교회에 다닌다고 그 사람이 그리스도인이라고 말할 수 있는 시대가 도래했다. 이 사실 때문에, 1,500년 동안 기독교 역사에서 현재가 가장 중요하고 가장 흥분되는 기간이라 할 수 있다. 또한 수많은 자극과 강요가 제시되었기 때문에, 20세기에 접어들어 그리스도인의 숫자가 감소한다는 이유로 그리스도인이라고 말할 수 없게 되었다. 우리는 처음으로 초기 기독교의 상황과 비슷한 형태로 돌아가고 있으며, 이러한 상황이 초기 기독교가 어떤 태도를 취했는지에 대한 적절한 실마리를 제공해 주고 있다.[1949:135]

본서에서 작업한 바와 같이, 필자는 초기 기독교에 대한 역사적 연구와 현대 문화 속에서 고찰해야 할 선교학적 과제에 공통분모가 있음을 인식해 왔다. 개인적으로 필자는 교통의 흐름과 차단을 위해 몇 가지 질서를 세우는 것이 바람직하다고 생각한다. 필자의 "초기 기독교"에 대한 연구를 통해 근대 문화에서 기독교 선교에 "관련한 몇 가지 실마리"를 생각할 수만 있다면, 부분적으로 버터필드에 대해 오랫동안 가지고 있었던 마음의 빚을 갚는 것이 생각되며, 그렇게만 된다면 아주 감사한 일이 아닐 수 없다.

필자는 본서의 전부 또는 일부를 읽어준 친구들과 동료들에게 감사의 인사를 전하는 바다. 마크 아더톤Mark Atherton, 시토회O.Cist*, 에오인 드 발드렛Eoin de Bhaldraithe, 폴 브래드쇼Paul Bradshaw, 올리버 데이비스Oliver Davies, 스튜어트 머레이Stuart Murray, 크리스토퍼 롤랜드Christopher Roland, 마크 네이션Mark Thiessen Nation과 카푸친 작은 형제회O.F.M., Cap**의 토마스 와이낸디Thomas Weinandy 등이 나의 사고를 명료화 시켜주었고, 많은 실수에서 필자를 구해 주었다. 그들 모두에게 감사드린다. 그럼에도 불구하고 여전히 남아 있을 수 있는 실수는 필자의 책임이다. 엘레노어 크라이더Eleanor Kreider는 초기 기독교에 대해 함께 고민하고 가르쳐 왔던, 나의 인생의 반려자다. 대화를 통해, 그리고 본서를 꼼꼼히 읽어 줌으로 필자의 통찰력을 심화시켜 준 그녀에게 고마움을 전하고 싶다. 필자는 인디애나 주 고센 대학

---

* O.Cist.는 "시토회"를 뜻하는 라틴어 Ordo Cisterciensis, 영어 Cistercians의 약자로, 1098년 프랑스 부르군드지방 시토(Citeaux)에서 성 로베르토(St. Robertus de Molesme, ?~1111)가 설립한 수도원에서 시작된 수도회다. 은수적(隱修的)인 수도회의 생활양식으로 교회, 제구(祭具), 제의(祭衣) 등이 매우 소박하며 성 베네딕토의 회칙을 기초로 한 규범을 준수하여 단식, 침묵, 단순노동 등이 매우 엄격하게 준수되었다.

** O.F.M., Cap.은 "카푸친 작은 형제회"(Oder of Friars Minor Capuchin)의 약자로, 가톨릭의 아시시의 성 프란체스코(Francesco d'Assisi)가 설립한 "작은 형제회"(Order of Friars Minor)를 1525년 바시오의 마태오(Mateo de Bascio)가 시행한 마지막 개혁을 교황청이 인준하면서 시작된 수도원이다. "카푸친"은 끝이 뾰족한 후드 모자인 "카푸치오"(Cappuccio)로, 아시시의 프란체스코가 입었던 것에서 유래하며, 이 단어에서 "카푸치노"(Cappuccino)가 나왔다. 카푸치노의 고운 갈색 거품이 마치 그들의 짙은 갈색 수도복과 유사한데서 붙여진 명칭이다.

의 존 오이어John S. Oyer와 본서를 공저하고픈 바람을 가지고 있었다. 그가 보여준 귀감은 필자가 그리스도인과 역사학자가 되는데 영감을 불어 넣어 주었다. 감사와 그를 추모하는 뜻으로 그에게 본서를 바친다.

---

1) 이와 같은 회심의 정의 – 신념(belief), 행동(behavior)과 경험에 의해 수반되는 소속감(belonging)의 변화 –는 필자가 제시한 것이다. 위에서 사용된 두운법은 데이비(Grace Davie)의 *Religion in Britain Since 1945 : Believing Without Belonging* (Davie 1994)에서 차용한 것이다. 여기에 사용된 범주는 갤러거(Eugene V. Gallagher)의 범주와 유사한 것으로, 그는 두운법을 사용하지 않고 "기독교 회심의 우주적(cosmic), 도덕적(moral), 그리고 사회적 차원"에 대해 썼다 (1990:120).

1장. 저스틴과 키프리안의 회심

신약에서의 회심

사복음서는 회심 이야기로 가득 차 있다. 예수께서 한 마을에 도착하셨을 때 세리와 혁명가에게 시선을 고정하고 말씀하셨다, "나를 따라 오너라." 당시 그 말씀을 들은 사람들은 선택을 해야만 했다. 예수의 초청이 자신들의 삶에 가져 올 총체적인 변화에 순복하든지, 아니면 "근심하며 떠나가든지."막10:22 예수의 우정은 부담스러운 것이었다. 그것은 사람들의 신념belief, 소속belonging, 행동behavior에 엄청난 지각변동을 일으켰다. 사복음서 저자들은 공통적으로 이것을 강조하고 있다. 예수는 비용과 보상에 대한 생생한 가르침을 통해 제자도로의 부르심을 강조한다.예, 요15:12-20 한 세대가 지나기도 전에 제자도로의 부르심은 입교 의식, 침례*라는 단어로 표현되었으며, 선교사이자 신학자였던 바울에 의하면, 이것들은 비용죄로

---

* baptism을 침례로 번역하는 원칙으로 하지만, 때로는 문맥에 따라 세례로 표기할 것이다.

얼룩진 삶의 방식의 죽음을 수반하는 회심과 보상 "의의 종"이 되어 새로운 주인을 섬기는 거듭난 삶–롬6:18을 극적으로 각색한 것이었다. 회심은 곧 변화를 의미했다.

사도행전에 기록된 바와 같이 초대교회 내러티브를 살펴보면, 회심 이야기에는 어리둥절한 유형들이 혼재되어 있다. 이 이야기들 중 일부에서 바울의 회심이 가장 주목할 만하다 부활한 그리스도로 말미암은 바울의 변화 경험 이야기가 들어 있으며, 바울의 회심은 세 번 이상 언급되어 있다 이 경험으로 바울의 지난날의 억측과 열심을 산산이 부서뜨렸고, 그의 삶을 재구성했다. 행 9장 등 이후로, 그를 지탱해 왔고 끊임없이 ad infinitum 논쟁했던 신념, 그가 유대인들과 이방인들과 더불어 형성했던, 그리고 그가 주장했던 행동은 급격한 변화를 겪게 되었다. 베드로의 두 번째 회심 역시 극적이었다. 그 이야기는 행 10, 11장에 두 번 언급되어 있다 베드로의 판단과는 반대로, 그가 이방인들과 대적들이 거주하는 새로운 세계로 예인되었을 때, 그의 신념, 소속과 행동 역시, 바울과 마찬가지로 거대한 변화를 일으켰다. 바울과 베드로에게, 회심은 값비싼 것이었다. 그 이후로 그들의 삶은 위험을 감수해야만 했고, 종국에는 사형으로 생을 마감하게 되었다.

그러나 그 외 다른 회심 이야기에는 도대체 어떤 변화가 일어났을까 라는 의구심을 갖게 한다. 베드로와 함께 사도행전 10장의 드라마를 공유했던 백부장 고넬료는 성령 충만을 경험하고는 침례를 받았다. 그 후 그에게 무슨 일이 일어났는가? 군대를 떠났던가? 회심 이후 그의 생활 방식과 우선순위에 무슨 변화가 일어났던가? 사도행전 저자는 아무런 대답도 하지 않는다. 도상에서 사도 빌립을 만났던 에디오피아 환관에게는 무슨 일이 발생했을까?8:26ff 에디오피아 환관의 요청에 의해 빌립은 그에게 침례를 베풀고는 곧바로 종적을 감추었고, 환관은 "기쁨에 차서 가던 길을 갔다."8:39 그가 기뻐한 것은 알겠지만, 과연 그는 변화되었을까? 이 이야기는 미결 상태로 남아 있다. 초기 기독교에서 회심이 가져왔던 삶의 변화란 추측 불가능하다는 사실을 전달하고자 했던 것일까? 5세기 즈음에 이러한 삶의 변화는 적어도 북아프리카 출신의 평신도들에게는 매우 분명했으며, 이것이 바로 히포의 어거스틴을 깜짝 놀라게 했던 요인이었다.어거스틴, 『신앙과 행위』1.1:6.9의 "우리의 대적자들"에서 인용

어거스틴의 대적자들*은 삶의 쇄신을 시도하고 있었다. 우리는 백부장과 환관이 무슨 일을 했을지 추정할 뿐, 정확한 내용은 알 수 없다. 단지 우리가 말할 수 있는 것은, 2세기 초에야 회심 이야기를 구할 수 있었으며, 언제나 그래왔듯이 삶의 변화가 회심의 전부였다. 저스틴을 살펴봄으로써 우리의 이야기를 시작해 보자.

저스틴의 회심

저스틴은 우리에게 두 가지 회심 이야기를 남겨 주었다.1) 두 편 중 더 긴 이야기는 『트리포와의 대화』에 등장한다. 트리포는 유대인이면서 기독교로 개종한 친구였다. 이 이야기에 따르면, 저스틴은

---

* 『신앙과 행위』의 "우리의 대적자들"에서 어거스틴의 삶을 변화시켰던 사람들.

팔레스타인 출신의 이방인으로, 사마리아 근처 플라비아 네오폴리스Flavia Neopolis*에서 태어났다.2) 주후 130년 경, 저스틴은 철학 공부를 위해 순회 여행을 떠났다. 여행 도중에 그는 스토아학파, 아리스토텔레스학파, 피타고라스학파, 플라톤학파 교사들에게 연이어 매료되었다. 그들로부터 하나님에 대한 지식을 얻으려고 노력했다. 에베소에 있는 동안 "현명한"sagacious 플라톤학파의 제자로 있었을 때, 저스틴은 해안가에서 산책을 하다가 외모가 전혀 볼품없는 한 노인을 만났다. 그는 유대 그리스도인이었다. 저스틴은 그와 심도 깊은 대화를 나누었다. 저스틴은 그 대화를 통해 삶의 변화가 일어나는 것을 감지했다. 노인과 대화를 나누고 있었을 때, "광명의 문"이 열리기 시작했던 것이다. 그것은 다름 아닌 히브리 예언자들이 예언했던 장차 "일어날 일들"이라는 사실을 깨달았다. 하나님의 아들 그리스도께서 이 땅에 오신 것은 역사상 가장 중대한 사건이었고, 그 분이 이 세상의 어떤 사람들보다 위대한 지혜를 나눠 주셨다. 저스틴이 노인의 말에 귀 기울이고 있었을 때, "구주의 말씀"이 삶의 전환을 가져다주고, 따라가게 만드는 권세를 가지고 있음을 깨달았다. 이 말씀은 "그 자체로 무시무시한 권세를 가지고 있어서, 두려운 마음으로 걸어야 할 정직의 길에서 벗어나 있던 사람들을 깨닫게 할 만큼 충분한 것"이었다. 이 말씀은 또한 행복한 삶에 이르는 참다운 길을 제시해 주었다. "가장 달콤한 안식은 그것들을 부지런히 실천하

---

* 플라비아 네오폴리스는 시리아의 도시로 구약성서에는 세겜에 해당하며, 오늘날의 나블루스(Nablus)이다.

는 사람들에게 허락된 것이다." 저스틴은 오직 그리스도의 철학만이 "안전하고도 유익한 것이다"라는 사실을 발견했다. 저스틴에게 회심은 신념의 변화를 수반하는 것이었으며, 이 새로운 신념은 입교의식에서 입증되어야 했다. 저스틴은 그 시점을 말하지 않았지만, 그는 어떤 시점에서 심오한 경험을 했다. "내 영혼 속에서 불꽃이 타올랐다."

보다 짧은 이야기로 구성된 『제2 변증서』[12]에서 저스틴은 철학적인 것보다는 개인적인 내용들을 소개하고 있다. 내용을 살펴보면, 다른 많은 사람들이 그랬듯이, 그는 그리스도인의 부정한 행위에 대한 소문이 어떤 식으로 회자되고 있는지를 언급하였다. "그들은 '사악함과 쾌락 가운데서 살고 있었나.'" 그러면서도 저스틴은 그리스도인이 그러한 핍박 아래서도 제 역할을 어떤 식으로 수행했는지를 목격했다. 박해와 고문을 받으면서도 그들은 "죽음을 두려워하지 않았다." 저스틴은 감동을 받았다. 그리스도인은 그 소문들이 믿을 만한 것이 못 된다는 사실을 행동으로 증명한 셈이었다. 저스틴은 그리스도인들의 신앙을 관찰하면서 플라톤주의에 대한 헌신이 식어가기 시작했다.

두 가지 회심 이야기는 믿을만한 것일까, 아니면 문학적 허구에 지나지 않는 것일까? 일부 학자들은 두 이야기의 차이심지어 모순에 집중했다. 다른 학자들은 그런 차이를 극복하고자 심리학적으로 조화를 이루어 보려고 시도하기도 했다. Skarsaune 1976:53-55 헨리 체드윅은 저스틴의 『트리포와의 대화』는 개종 후 몇 년이 지난 시점에서 저술된 것으로, 비록 변증 형식의 함축적인 문체로 편집되었을지라도, "근본적으로 믿을만한 자서전"이라는 현명한 결론을 내리고 있다.1965:280 또한 그의『제2 변증서』에는 이와 병행하는 초기 그리스도인의 이야기가 많이 등장한다.

총체적 변화를 위한 신앙 문답

이러한 이야기는 저스틴이 이제 막 신앙의 여정을 시작했다는 사실을 보여준다. 그리스도인이 되기 위한 믿음의 여정을 시작했을 당시 그에게 일어난 일들은 무엇이었을까? 일단 로마로 이주해서 교사가 되었을 때의 저스틴을 만나보도록 하자. 저스틴은 티모티니안Timotinian 욕조 위에 있는 방에서 그리스도인의 신념과 행동에 대해 가르쳐 저스틴의 말에 귀 기울였던 학생들과 만났다. 저스틴이 탁월한 교사였음이 분명하다. "나는 저스틴의 가르침을 기쁨으로 들었습니다"라고 했던 그의 제자 중 하나가 언급한 사실에서 미루어 짐작할 수 있다.『저스틴 행전』개정판 B 2-3 저스틴은 다양한 경험을 토대로 기독교 신념을 다른 철학적 대안들과 연관지어 사고할 수 있었다. 그는 또한 기독교 전통을 발전시키는데 기여했다. 그의 저술들 중에서 특히『제1 변증서』에는 "우리는 배웠다"와 "우리는 가르침을 받았다"라는 문장이 그의 가르침과 더불어 곳곳에서 산발적으로 등장하고 있다.『제1변증서』10-13 따라서 저스틴은 로마에서 교회의 가르침을 전파하는 전도사 역할을 감당했던 것이다. 그는 세침례 예비자들에게 신앙문답 교육을 감당했다. 또한 로마 그리스도인이 무신론자들에게 자신의 신앙을 변호할 수 있도록 교육했다. 저스틴이 어떤 교육을 했는지는, 그가 말한 것을 토대로 로마 교회에서 일어난 회심과 저스틴의 회심 경험을 통해 추측할 수 있다고 필자는 생각한다.

『변증서』 12-17장에서 저스틴은 제자들에게 가르쳤던 내용을 요약하고 있다. 그는 하나님의 성품, 즉 하나님께서 창조 행위에서 보여주셨고, "우리의 선생이자 성부 하나님의 아들이요 사도이며, 우리 모두의 주인되신 그 분, 다시 말해 우리에게 그리스도인이란 이름을 부여해 주신 예수 그리스도"의 오심을 예언하도록 예언자들에게 영감을 불어넣어 수시고 보여주셨던 "그분의 인내와 의로움, 인간을 향한 사랑"에 대해 가르쳤다. 그 후 저스틴의 가르침은 신념에서 행동으로 옮겨갔다. 그의 말을 듣던 사람들은 예수의 가르침대로 산다는 것이 얼마나 어려운지를 익히 알고 있었다. 그들은 자신들을 속이고 "어쩔 수 없다"라는 덫으로 자신들을 노예를 삼는 마귀와의 "씨름"에 사로잡혀 있었다. 그 씨름은 아마 충동compulsion과 중독addiction으로 표현할 수 있을 것이다. 만일 구도자가 이러한 충동과 중독을 극복하려고 한다면, "자신의 구원을 위해 전폭적으로 이 문제와 씨름해야" 했다. 기독교 지도자는 세례 이전에 축사를 통해 마귀에게 "공격"을 감행했다. 그러나 그리스도인은 "말씀에 설득된 사람들"이기에 마귀와의 관계를 단절함으로써 그들의 속박에 저항할 수 있었다.3)

저스틴은 그리스도인에게 다음 세 가지 영역에서 마귀의 권세에 저항하라고 촉구하였다. 그것은 돈, 섹스, 권력으로, 이는 수세기에 걸쳐 목회자 및 신학자들이 한 결같이 언급했던 것들이었다. 하지만 저스틴은 여기에 네 번째 요소인 주술occult을 추가했다. 중독과 충동 같은 지속적인 영역은 분명히 로마의 그리스도인들에게 갈등 원인으로 작용했을 것이고, 따라서 회심시에 다루어야 할 사안이었다. 그것들은 저스틴에게도 씨름의 영역이었다. 그는 반복해서 "우리"라는 단어를 사용했다. 그가 언급한 첫 번째 영역은 섹스에 관한 내용이었다. "우리는 한 때 음란에 빠졌지만 우리는 이제 절제하는 삶을 기뻐합니다." 두 번째 영역은 주술 행위였다. "우리는 마술을 사용했지만 이제는 오로지 자존하시는unbegotten 하나님께만 헌신합니다." 저스틴은 그리스도인이 자유를 위해 투쟁했던 마지막 두 영역에 대해 더 자세하게 묘사하고 있다. 탐욕적 물질주의에 대해 "한 때 부와 재산을 축적하는 것을 최고의 만족을 누렸던 우리는 이제 우리의 재산을 공동 기금으로 가지고 와서 궁핍에 처한 모든 사람과 나누고 있습니다." 또한 외국인 혐오증으로 말미암은 폭력 사용에 대해서는 "서로를 증오하고 살해했으며, 관습이 다르다는 이유로 다른 부족민과 상관도 하지 않았던 우리는, 그리스도께서 오신 이후로 함께 모여 살며, 원수들을 위해 기도하고 있습니다."

저스틴에게 기독교 신념은 사람들을 속박했던 사회의 악마적 권세의 영역을 분별하는 데까지 이르렀다. 그러나 그리스도께서는 중독과 충동에서 사람들을 해방했으며, 그 결과 행동이 눈에 띄게 달라졌다. 또한 그 자유는 독특한 형태의 소속으로 이어졌다. 기독교 공동체는 예수의 가르침을 준행하는데 발생할 수 있는 섹스, 주술, 재산 문제를 다루는 방법에 대해 서로 긴밀하게 논의하였다. 궁핍한 자들과 나누는 공동 기금, 원수들을 위한 기도 등은 공동체의 정수인 공동체적 토양과 제도들을 구축하였다. 이것들은 단지 몇 가지 모범적인 사례일 뿐이다. 제국과 다른 대안적 행동과 교회 공동체로 귀의하는 삶의 가능성을 설명하고자 저스틴은 예수의 교훈을 장황하게 인용하였다. 이것은 살아내기에는 어렵지만, "하나님의 능력"을 덧입는다면 불가능한 것이 아니었다.

> 우리의 속성으로는 불가능해 보여도 그것을 믿는 것이 … 믿지 않는 것보다 더 낫다는 사실을 배우게 되었습니다. 왜냐하면, 우리의 선생 되신 예수 그리스도께서 "사람은 할 수 없는 일이라도, 하나님은 하실 수 있다"고 말씀하셨기 때문입니다. 『제1 변증서』 14-17, 19

로마에서 저스틴의 회심 예식

저스틴은 자신이 받은 침례에 대해 아무런 언급을 하고 있지 않지만, 그리스도인의 삶을 추구하는 사람들에게 있어서 침례가 회심의 핵심nodal point이라고 가르쳤다. 침례 예비자들은 전심을 다해 가르침에 임했다. 올바른 신념을 갖는 것이 중요했기 때문이다. 침례는 "우리가 가르치고 말하는 것이 진실이라는 사실을 받아들이고 믿는" 사람들을 위한 것이었다. 행동의 개혁 역시 마찬가지였다. 침례는 교회의 가르침에 따라 "그들이 가르침대로 살겠다고 약속한" 사람들을 위한 것이었다.『제1 변증서』61 "[그리스도]께서 가르치신 대로 살고 있지 않다고 밝혀진 사람들은 실제로 그리스도인이 아님을 인식해야 합니다. 비록 그분의 가르침을 입에 달고 있다 할지라도 말이지요"라고 저스틴이 말한 것처럼, 이것은 아주 중요한 사안이었다. 이 시기가 교회의 축사가exorcist들이 중독의 덫으로 사람들을 노예로 삼은 마귀를 향해 "공격"을 감행했던 때였을까?『제1 변증서』14; 제2 변증서 6 정확히 알 수는 없다. 하지만 저스틴은 침례 이전에 기독교 공동체 구성원들가능컨대 신앙문답 교사를 포함해서; 저스틴은 "우리"라는 단어를 사용하고 있다은 침례 예비자들과 함께 기도와 금식에 참여했다고 말하고 있다. 저스틴은 침례 예식이나 침례 예비자들의 경험에 대해서는 거의 말하고 있지 않다. 그저 그와 다른 사람들이 예비자들을 "물이 있는 곳"으로 데리고 왔고, 그곳에서 예비자들은 거듭났고, 씻음을 받았으며, 조명을 받았다고 말하고 있을 뿐이다. 침례를 통해 그들의 죄가 용서받았고, 그들은 "자유로운 선택과 지식"을 가진 하나님의 자녀가 되었다. 그 결과 그들은 이제 형제요, 자매가 되었다. 새로운 공동체인 교회로의 소속은 지도자들과 신앙문답 교사들다시 한번 저스틴은 "우리"라고 언급한다이 새롭게 태어난 신자들을 "함께 모여 있는 형제들"에게 인도하는 예식을 통해 분명하게 언급하고 있다. 처음으로 그들은 그곳에서 믿음의 가족으로서의 일치된 활동인 공동기도,

거룩한 입맞춤, 성만찬에 참여했다.『제1 변증서』61,65

그리스도 안에서 공통의 신념과 생활 방식을 공유한 사람들과 어우러지는 공동체 정신sense은 확연하고도 지속적인 것이었다. 165년 저스틴은 그와 공부를 했던 일단의 사람들과 함께 참수형에 처해졌다. 남자와 여자, 노예와 자유인, 로마 출신뿐만 아니라 갑바도기아인과 프리기아인과 같은 다양한 사람들로 이루어진 공동체의 모습은 초기 그리스도인들이 회심 경험 후에 속한 공동체가 얼마나 포괄적이었는지를 보여준다.『저스틴 행전』4,6

키프리안: 상류층의 고뇌 속에서 살다

우리가 다루어야 할 두 번째 이야기는 키프리안의 회심이다. 키프리안은 카르타고Carthage에서 3세기 중반 직전에 그리스도인이 되었다.4) 그는 그 지방의 우수한 인재 중 한 사람이었으며, 뛰어난 수사학적 재능을 소유한 귀족 출신이었다. 그러나 키프리안은 귀족 계급의 삶에 만족할 수 없음을 깨닫게 되었다. 그는 그것을 "어둠과 음울한 밤"이라고 불렀다.『도나투스에게』3. 5) 아무튼, 캐실리아누스Caecilianus라고 부르는 존경받는 기독교 장로와의 우정을 통해 키프리안은 기독교 공동체와 만났게 된다. 캐실리아누스가 보증했던 그리스도인들은 키프리안이 과거에 그토록 찾아왔던 자유의 길을 제시해 주었다.

그의 삶이 변화되는 것이 어떻게 가능했을까? 키프리안은 자신의 생활 방식을 돌이켜 보았다. 사치품 소비 행위와 눈에 띌 정도로 권력을 휘둘렀던 그의 삶은 다른 귀족들을 포함해 로마 귀족들의 특징이었다.MacMullen 1988:60-64 키프리안은 최고의 음식만 먹었다. 그는 "호사스러운 연회와 사치스런 잔치에 익숙해 있었다." 또한 키프리안은 아주 세련된 옷만 골라 입었다. 그는 "황금과 자색 옷으로 빛이 났고, 값비싼 의상 때문에 칭송을 받았다." 키프리안은 가신家臣들의 무리에 둘러 싸여 있었다. 그는 "파스케스fasces*[최고 치안판사의 권위의 상징]의 매력에 빠져 있었고 …거물급 인사들과의 관계를 통해 품위를 지켜 나갔다."『도나투스에게』3 하지만 차츰 그리스도인들과의 만남을 통해 키프리안은 자신의 생활 방식에 대해 양가감정을 가졌던 것으로 보인다. 그리스도인의 삶에 매력을 느끼면서 일명 "상류층의 고뇌"gilded torments을 겪기 시작했다. 왜냐하면 그가 보기에 그들은 "미소를 머금은 사악함"을 가진 자들로 보였기 때문이었다. 키프리안은 부자들이 재산을 가지고 있지만, 실상은 그 부자들이 그 재산에 사로잡힌 노예라는 사실을 감지했다. 부자는 "황금에 사로잡힌 채… 사치와 부의 주인이 되기보다는 노예로 전락하고 만다."『도나투스에게』11-12 키프리안은 그러한 삶으로부터 해방되기를 원했다.

---

* 파스케스(fasces)는 속간 혹은 권표로 번역되기도 하며, 이는 권력과 사법권, 또는 "통합을 통한 힘"(파쇼)을 상징한다. 자작나무에 붉은 가죽끈을 묶고, 그 옆에 청동 도끼를 끼워 개선행진 때 사용했던 것으로 파스케스에서 "파시즘"이란 단어가 유래하였다.

회심: 불가능을 행하는 능력 부여

그의 회심이 어떻게 가능한 일이었을까? 캐실리아누스의 소개로 키프리안은 교회까지 오게 되었고, 그곳에서 신앙문답자가 되었다. 키프리안이 신앙문답 수업을 받긴 했지만 무엇을 공부했는지는 알려져 있지 않다. 다만 그가 땅과 부동산을 팔았으며, 문답자로서 가난한 사람들을 사랑했다"는 것만을 말해주고 있을 뿐이다. 폰티우스, 『키프리안의 생애』 6 키프리안은 그리스도인들의 삶, 그 중에서 특히 "그의 영혼의 친구이자 동지"였던 캐실리아누스의 모본을 관찰하고 본받으려고 노력했던 것이 틀림없다. 『키프리안의 생애』 4 비록 그의 신앙이 상당히 빠르게 성장했을지라도, "그의 성장은 시간에 의해서라기보다는 믿음에 의한 것이었다" 키프리안의 말에 따르면 그에게 쉬운 일은 하나도 없었다. 그가 내면의 급격한 변화를 겪은 흔적을 그의 이야기에서 찾아볼 수 있다. 그는 그리스도인들이 믿고 있던 것을 믿고자 씨름했던 것이 아니었다. 오히려 그들이 가르친 대로 살고자 씨름했고, 대다수 그리스도인들이 살아왔던 삶을 살아내기 위해 씨름했다. 키프리안이 "검소함"과 "평범하고도 단순한 의복"이 일상화된 한 공동체를 만나자, 사치가 자신의 뼛속 깊이 뿌리내리고 있음을 깨달았다. "과거의 잘못된 삶"이 자신의 타락한 인간 본성의 일부분임을 깨달았다: 그것들은 "실제로 나의 일부분이었으며…나의 본래의 모습이었다." 더욱이 그것들은 오래된 습관으로 인해 자신의 인성에 뿌리 깊이 박혀 있었다. "이것들은 내 속에 깊이 그리고 철저하게 스며들어 있었습니다"라고 그는 기록하고 있다. 요즘 말로 표현하면, 그는 부와 권력에 중독되어 있던 셈이었다. 이로 인해 그의 삶은 절망으로 가득 찼고, 고질적이고도 상습적인 죄에 빠져 있었다. "나는 죄에 푹 빠져 생활하곤 하였습니다."『도나투스에게』 3-4

하지만 키프리안은 교회 회원이 되기 위해 반드시 거쳐야 할 신앙 문답예비자 과정을 거치면서 제국과 다른 삶을 배우는 사람들 사이에 서 있었다. 주어진 과제는 아주 힘든 일이었다. 회심의 영적인 도전은 감당하기 벅찼다. 저스틴과는 달리 키프리안은 자신의 씨름을 설명할 때 귀신 들림demonic oppression이란 단어를 사용하지 않았다. 축사는 입교를 위한 과정임에는 분명했지만, 『도나투스에게』에서 그가 축사를 거론한 것은 그가 했던 영적인 씨름과 직접적으로 관련된 것 같지는 않다.『도나투스에게』5;『사도규범 개요』Ep 75[69].15 오히려 키프리안은 침례를 삶의 결정적인 전환점으로 제시했다. "그의 새로운 삶을 이끈 아버지" 역할을 했던 캐실리아누스는 키프리안이 침례를 받는 과정에서 그와 함께 했던 것이 분명하다. 변화가 불가능해 보였던 키프리안의 감정 속으로 "새로운 출생의 물"과 "하늘의 숨결인 성령의 도우심"이 스며 들어왔다. 카르타고에서 교회의 침수침례와 기름부음으로 키프리안은 죄 씻음과 능력을 부여받는 강력한 경험을 하기에 이른다. "전에는 어렵게만 보였던 것이 이제는 놀랍게도 성취 가능한 일이 되었습니다. 불가능하다고 생각했던 것이 성취 가능한 것이 되었습니다." 키프리안은 침례를 통해 그리스도인이 되었고, "자유와 권능"을 부여받았기에 중독에서 해방된 자유인이 되었

다. 『도나투스에게』 4-5

　침례를 받은 직후 키프리안은 카르타고의 기독교 공동체의 지도 자로 성장했다. 집단 전염병뿐만 아니라 계속해서 이어지는 박해 때 문에, 그의 지도력이 한 때 크나 큰 도전에 직면한 적도 있었다. 하지 만 주교로서 그는 검소하면서도 손 대접하기를 힘쓰는 삶을 살았으 며, 가난한 자들에게 자신의 집을 개방하였다. 회심 이전에는 그토 록 소중했던 의복들이 이제는 "몸을 가리는 수단a fitting mean으로 바 뀌었습니다."『키프리안의 생애』3,6 258년 처형당했을 때, 그는 외투 한 벌과 예복을 입고 있긴 했지만, 자주색은 아니었다!『키프리안 행전』5 이 미 개종을 했기 때문에, 그의 행동은 신념과 소속감과 마찬가지로 기독교 공동체의 사람들에게 순종했던 것이다.

1) 사용된 출처: 『변증서』, 1970년 C.C. Richardson의 책을 E.R. Hardy가 사용한
책; 『트리포와의 변증과 대화』*Apology and Dialogue with Trypho*, in Ante-Nicene
Fathers (ANF) 1; 『저스틴 행전』*Acts of Justin*, in Musurillo 1972.

2) 계속되는 내용을 보려면 Justin, 『트리포와의 대화』*Dialogue with Trypho* 2-8장을
보라. 학자들은 이 이야기의 역사성에 대해, 저스틴의 『제2 변증서』2 Apol 12에
나오는 이야기와 어느 범위까지 조화를 이룰 수 있는지에 대해 논쟁하고 있다;
이에 대한 토론을 위해서는 1976년 Skarsaune의 글(30호)을 참조하라. Henry
Chadwick(1965:286)은 저스틴의 자서전을 "근본적으로 정확하다… 우리와
마찬가지로 저스틴도 현재가 요청하는 방식으로 과거를 기억하고 있다."

3) 저스틴과 유사한 회심의 모델을 위해서는, Taber 1987을 보라.

4) 사용된 출처: ANF 5.

5) 키프리안의 회심에 관한 중요한 자료는 그가 직접 쓴 편지인 『도나투스에게』*Ad
Donatum*과 폰티우스(Pontius)의 『키프리안의 생애』*Vita Cypriani*이다. Maurice
Wiles는 전자의 진정성을 의심한다. 그 책에서 회심 이야기에서 기대하는 "영혼의
개인적인 고뇌"를 찾지 못했기 때문이다(1963:140-41). 반면, 필자는 키프리안이
말하고 있는 중독적인 재물의 힘과의 씨름을 통해 얻은 통찰력이 그의 저술에
스며들어 있음을 발견했다. 그는 분명 이 사안에 대해 심도 있게, 그리고 실존적으로
고뇌했다(예를 들어 『선행과 자선』*De opere et eleemosynis*; 『퀴리누스에게』*Ad
Quirinum* 3.1을 참조하라). 또한 필자는 Elisabeth Fink-Dendorfer(1986:40)의
견해에 동의한다. 그녀는 『도나투스에게』3-4에서 "영적인 투쟁을 깊이
경험했다"는 내용을 찾아냈다.

2장. 초기 기독교의 매력

고난 속에서 성장하다

저스틴과 키프리안은 모두가 개종자들이었다. 또한 동시에 두 사람은 순교자였다.[1] 그들은 모두 남부럽지 않은 상류층 사회의 주변부, 경계선 밖과 그 언저리에서 일어난 운동에 속해 있었다는 이유로 처형을 당했다. 초대교회의 수많은 그리스도인들과 마찬가지로, 그들은 반체제 인사에 붙여지는 호칭인 "정신이상자"insane라는 별명과 씨름해야만 했다. 또한 그들은 대중적인 적대감이나 총독부의 법안 발의 때문에 박해와 국외추방 혹은 사형을 당할 수 있음도 알고 있었다. 하지만 그들을 포함해 상승일로의 수많은 사람들은 끊임없이 기독교로 개종을 하고 있었다. 물론 인구통계학자들이 있었던 것도 아니고, 로마 제국 전역에 걸쳐 상당한 지역 편차가 있음을 인정할 수밖에 없음을 인정한다. 하지만, 로드니 스타크Rodney Stark는 최근 연구에서 다음과 같은 매력적인 논평을 내놓았다. 지금은 많은 학자들이 인정하는 바와 같이, 콘스탄티누스 황제가 기독교를 공인

했던 312년, 로마 제국 인구의 약 10퍼센트가 교회에 소속되어 있었고, 이전 3세기 동안 교회는 통계상으로 매 10년마다 평균 40퍼센트씩 증가했다.Stark, 1996:8 그것은 아주 이례적인 일이었다. 고난 속에서도, 권력자들의 멸시와 박해에도 불구하고 초기 기독교 운동은 성장을 이어갔다. 이 얼마나 신기한 일인가!

이처럼 사람들의 마음을 사로잡은 요인이 무엇인지 파악하기 위해서는 동시대에 살았던 교회의 적대자들과 교회에 헌신한 사람들의 말을 귀담아 들을 필요가 있을 것이다. 그들은 서로 다른 질문들에 초점을 맞추고 있긴 하지만 그 요인에 대한 중요한 실마리를 던져주고 있다. 적대적인 증언을 내놓은 사람은 카르타고의 이교도 캐실리우스Caecilius가 대표적인 사람인데, 그는 약 3세기가 시작될 즈음에 다음과 같은 논평을 내놓았다.

[그리스도인들은] 평판이 나쁜 … 집단이었고 신들의 뜻을 거역하고 결집하는, 법률의 보호를 박탈당한 범법자들이었다. 하층민 출신의 문맹자들과 천성적으로 불안정하여 사사로운 일에도 쉽게 현혹되는 여자들은 불경스런 음모자들의 오합지졸들을 조직하여 한밤중에 모임을 갖고 종교적인 금식을 하며, 비정상적인 식사를 통해 결속을 다지기도 하며… 공개석상에서는 침묵으로 일관하지만 은신처에서는 말이 많은, 빛을 멀리하는 비밀 집단이다.… 그들의 뿌리와 가지는 근절되어야 하며 저주받아 마땅하다. 그들[그리스도인들]은 비밀 표식과 증표로 서로를 확인한다. 그들은 서로

친해지기 전부터 이미 사랑에 빠져 있다. 어디를 가든 그들은 남녀가 뒤섞이는 "형제"와 "자매"의 정욕의 종교를 소개하고 있으며, 그로 인해 거룩한 이름을 빙자해 저지르는 일상적 음행은 근친상간으로까지 전락하고 있다. Minucius Felix, 『옥타비우스』 8.4;9.1-2

캐실리우스는 그리스도인들이 "비밀스럽고" "말이 없는" 운동의 구성원이라고 언급했다. 당연히 초기 그리스도인들은 이 사실을 반박했지만, 그들은 대중 세력이 아니었다. 캐실리우스는 그 운동 때문에 화가 단단히 났다. 그 운동은 대중의 안녕을 지켜주었던, 법적으로 인정받은 공식적인 종교를 반대하려는 음모를 꾸몄으며, 그 운동에서 보여준 예배와 삶의 방식은 전통적인 가치를 침해하였다고 생각했다. 그러나 캐실리우스 역시 그 운동에 호기심을 갖기 시작했다. 그를 비롯해 수많은 사람들은 그리스도인들이 비밀리에 했던 일에 대해 헛소문을 퍼뜨리는 것으로 만족했다. 훗날 그는 그리스도인들의 예배에 대해 다음과 같이 말했다. "그들이 베푸는 연회의 형태는 악명 높았다. 그들에 대한 소문은 모든 사람들에게 자자했다." 『옥타비우스』 9.6 비록 모욕적이긴 했지만, 그리스도인들의 삶은 호기심을 자아내기에 충분했다. 소문대로였다. 캐실리우스의 관심을 끈 것 중 한 가지는 그리스도인들의 행동이었으며, 동시에 공동체에 대한 소속감이었다. 그들은 밤에 모였으며, 종교적 식사 자리에 사회적으로 가증스럽기 짝이 없는 하층민들을 참석케 했다. 예배 모임은 배타적이었지만, 그리스도인들은 여성들불안정하고 쉽게 현혹되는과 확실히 안정되고 쉽게 현혹되지 않는 남자들, 그리고 문맹자와 학식이 있는 다양한 사람들로 구성되었다. 그들 사이에 어떤 공통점이 존재했던 것일까? 그들의 결속력은 놀라울 정도였다. 사랑과 종교적 예식으로 남녀가 뒤섞이는 형제애/자매애가 넘쳐나는 공동체를 이루었기 때문이다. 캐실리우스가 이 운동에 가담하는 싶은 마음은 없었다. 다만 이 운동을 진지하게 바라보았으며, 이 운동에 대해 칭찬보다는 험담과 비난을 아끼지 않았다.

의문을 자아내는 행위

거의 같은 시기에 북아프리카에서 저술활동을 하고 있던 그리스도인 터툴리안의 진술과 다음 구절을 비교해 보자. 그의 글『그의 아내에게』*To His Wife*에서 터툴리안의 관심은 그리스도인 과부들의 재혼, 특별히 이교도인과의 재혼에 대한 반대였다. 터툴리안은 그러한 "타종교인과의 결혼"mixed marriage이 예수를 믿는 여인들에게 발생할 수 있는 문제점들을 설명하면서 카르타고에서 있었던 기독교 공동체의 삶에 대한 흥미로운 사실을 다음과 같이 묘사하고 있다.

어느 남편이 자기 아내가 이 거리 저 거리를 지나 외간 남자들의 집, 특히 가난하고도 초라하기 짝이 없는 사람들의 집에 방문하는 것을 허락하겠습니까? 자신의 아내를 야간 집회에 빼앗기는 것을 참아낼 남편이 어디 있겠습니까? 부활절 전야 예배에 참여하느라 밤새 집을 비우는 아내를 아무런 걱정도 않고 그것을 감내할 남편이 있을까요? 자기 아내가 사람들이 비난하는 주의 만찬에 참여하는 것에 대해 의심은커녕 묵과할 남편이 어디 있겠습니까? 어느 남편이 자기 아내를 감옥으로 몰래 보내 순교자 집단에게 입을 맞추도록 하겠습니까? 아니, 정말이지 자기 아내가 형제들과 만나 서로 입을 맞추도록 허용할 수 있을까요? 어느 남편이 성도들의 발 씻을 물을 제공하는 것을 허락하겠습니까? 그들에게 자신의 빵과 음료를 빼앗기는 것은요? 자기 아내가 그들을 그리워하게 할 남편이 어디 있겠습니까? 그들을 연모하도록 내버려 둘 남편이 있을까요? 순례자 형제가 방문하면 그를 위해 사랑채를 내주는 호의를 베풀 수 있을까요?… [그러한 아내는] 이방인 남편에게 골칫덩어리에 불과할 것입니다.… 그는 "놀라운 능력"magnolia을 경험했습니다. 자기 아내가 좋은 방향으로 변했음을 알고 있습니다. 따라서 그 남편도 언제가 하나님을 경외하는 예비자candidate입니다.『그의 아내에게』2.4, 7

캐실리우스와 마찬가지로, 터툴리안은 은밀한 한밤중에, 의심스럽고 염려스러운 방식으로 진행되는 모임에 대해 다음과 같이 묘사하고 있다. 그리스도인들은 주의 만찬에서 무엇을 하는가? 그들은 왜 부활절 전야에 밤을 지새우는가? 자기 아내가 이 모양 저 모양으로 밤새 외출하는 것을 원하는 남자가 어디 있단 말인가? 그 모임이 어떤 형태의 운동이든지 관계없이, 그들은 아주 특별한 소속감과 행동 양식을 만들어 냈다. 부유한 이교도 여성이 자발적 공동체에 가담하여 구성원들의 복지에 열정적으로 관심을 갖는 이유는 무엇일까? 왜 그녀는 가난한 자들의 다 스러져 가는 집을 방문하는가? 어쩌자고 그녀는 감옥을 찾아가서 순교자들을 방문하고, 그들이 묶인 쇠사슬에, 더 심하게는 그 형제들에게 입을 맞춘단 말인가? 왜 떠돌이 "형제"를 집안으로 불러들여 머물게 할까? 교회 구성원들과 음식을 나누는 이유는 무엇일까? 이러한 모든 일들은 믿지 않는 남편들에게는 충격적이었고, 의문을 자아내는 행동이었음에 틀림없다. 그리스도인이 되면서 그의 아내는 "더 좋은 방향으로" 변했다고 터툴리안을 말하고 있다. 남편 역시 초자연적 권세가 머물고 있는 공동체를 만났다. 그 안에서 "놀라운 능력"은 공동체적 삶의 일부분이었다. 자기 아내에 맞대응하는 남편에게는 한 가지 선택 안이 있다. 자기 아내의 종교적 활동을 방해할 수 있다. 예를 들어, 교회 모임이 있는 것을 아는 즉시, 아내로 하여금 목욕탕에서 그를 만나도록 명령하면 된다.2.5 아니면 자신이 기독교에 대해 조사할 수도 있다. 터툴리안에 따르면, 여자와 마찬가지로 남자들도 그리스도인으로 개종하였다. 왜냐하면, 그리스도인들이 비록 주변인이었지만, 그들의 삶은 호기심을 자아낼 만큼 충분히 매력적이었기 때문이었다.

이러한 매력적인 삶이 교회 성장의 열쇠였다. 캐실리우스는 이러한 매력을 암시적으로 표현해 주고 있는 반면, 터툴리안은 노골적으로 표현하고 있을 뿐이다. 하지만 교회의 성장 원인은 우리의 예상을 빗나갔던 것이다. 캐실리우스나 터툴리안은 모두가 대중 전도에 대해 언급한 적이 없으며, 이러한 것은 존재하지도 않았다. 초기 그리스도인들은 "공개석상에서 침묵을 지켰다." 적어도 주후 60년 대부터 그들은 금지된 "미신종파"superstitio에 속한 사람들이었고, 만일 공개석상에서 자신의 신앙을 변호한다면, 자신뿐만 아니라 그가 속한 회중들까지도 치명적인 곤경에 빠뜨릴 수 있었다. 비근한 예로 비교적 아주 드문 일이긴 하지만 초기 그리스도인들이 공식석상에서 신앙고백을 하게 되면 원형 경기장에서 본보기로 처형을 당했다. 하지만 그곳에서도 그들의 말없는 행동은 의문을 자아내곤 하였다. 왜 그리스도인들은 남자든 여자든, 부유한 태생이든, 평범한 사람이든, 노예든 자유인이든, 죽음 앞에서, 죽임 직전에, 평화의 입맞춤을 나누는 것일까?『수난 사화』21 그들은 "같은 신분끼리만 합법적으로 입을 맞추는 사람들과 얼마나 다른가!"MacMullen 1988:63 그리스도인들은 눈에 띨만한 복음전도 프로그램을 갖고 있지도 않았다. 그들은 어떻게 신자들이 살아야 하는지, 어떻게 교회의 공동생활을 지시해야 할지에 대해서 고민했고 광범위하게 가르쳤지만, "수십 년 동안 복음 전도"를 실시한 적이 없었다.크라이더 1995:6-7

아름다운 백성들을 만들어 가는 예배

그들이 참여하는 예배 형태가 매력적이었기 때문에 교회가 성장한 것이 아니었다. 2세기 즈음부터, 불신자들은 교회 모임에 들어오는 것이 금지되었다. 기독교가 불법이었던 세계에서 교회는 첩자나 밀고자들이 들어오는 것을 두려워했기 때문에 집사들을 정문에 세워 그들이 들어오는지를 점검하도록 했다. 들어오는 사람들이 "양일까, 늑대일까?"『테스타멘툼 도미니』*1.36 오로지 전자前者만이 들어올 수 있었다. 그들 중에 침례를 받은 사람만이 말씀 예배와 성만찬 예배에 참석할 수 있었다. 신앙문답자로 인정은 받았다 할지라도 그때까지 침례를 받지 않은 사람들은 흩어지기 전에 성경읽기와 성경 공부 모임에만 참석할 수 있었다. 기독교 예배는 그리스도인들이 하나님을 예배하도록 설계된 것이었다. 비그리스도인들을 끌어 모이기 위해 설계된 것이 아니었다. 한마디로 "구도자에게 민감한 예배"seeker-sensitive가 아니었다. 구도자들은 아예 입장이 허용되지 않았기 때문이다. 만일 기독교 예배가 복음 전도에 도움이 되었다면, 그것은 그리스도인들 개개인의 의식 수준과 그들이 이룬 특별한 공동체 때문이었으며, 그들의 삶과 외인outsider들과 맺은 매력적인 관계성과, 호기심을 자아내는 행동으로 발생한 부산물로서, 전혀 의도되지 않은 것이었다. 한 가지 좋은 예를 3세기 중반 시리아Syria에서 찾아볼 수 있다. 작자 미명의 교회 규약서인『사도계율』*2.58에 따르면, 주교는 떠돌이 가난뱅이, "특히 그가 몇 년 동안 고통을 받아 왔다면" 더더욱 그가 앉을 자리가 있는지를 확인해야 했다. 만일 그들이 앉을 곳이 없다면 어떻게 해야 할까? 그 문서는 다음과 같이 지시하고 있다. "오, 주교 당신이 진실한 마음으로 그들에게 자리를 내

---

* 테스타멘툼 도미니(Testamentum Domini)는 교회의 성직위, 교회 건축, 세례, 애찬, 성찬식문(聖餐式文) 등에 관한 내용을 기록한 초대 교회의 문헌이다.

주도록 하십시오. 비록 당신이 땅바닥에 앉는 한이 있더라도 말이오. 당신은 외모로 사람을 판단해서는 안 됩니다." 공동체 대표의 모본을 통해 구성원들 또한 "부지런히 [가난한 사람들을] 돌보고 그들로 생기를 되찾아 주어야" 했다.4.10 따라서 그리스도인들의 예배는 간접적으로 교회의 전도를 지원해 주었다. 그들의 전도는 바로 그리스도인 개개인의 삶과 그에 따른 특징, 그리고 놀라울 정도로 생명력이 넘치는 공동체를 가꾸어 감으로써 생긴 부산물이었던 것이다.

삶으로 구현된 신앙

그렇다면 초기 그리스도인들의 매력은 무엇 때문이었을까? 안정되지 않은 후기 고대 세계에서 그리스도인들은 새롭고도 단순한 삶을 추구했다. 그러한 삶이 새로운 소식, 새로운 관점과 가능성을 가져다주었다. 하지만 고군분투하는 중에도 사람들의 궁금증을 자아냈던 그들의 삶은 당시에 친숙한 상징적, 사회적 언어로 표현했다. 용이성comprehensibility과 비판critique이 "거류민"*paroikoi으로서 그리스도인들의 자아 정체성에서 동시에 함축적으로 표현되어 있었다. 이것은 친숙한 법정 용어로, 베드로전서로부터 초기 몇 세기에 걸쳐 많은 그리스도인들이 문화에 대한 새로운 접근과 통찰력을 삶으로

---

* 『사도계율』은 3세기 초 시리아에서 『디다케-이방인에게 주시는 12사도들을 통한 주님의 가르침』(엘도론 역간)을 본따서 쓴 교회규약서로, 저자는 유대교로 개종한 어느 의사로 보인다. 이 책은 당시의 신앙 사정과 습속을 아는 데 중요한 자료일 뿐 아니라, 4세기에 편집된 『사도교헌』의 첫 6권을 이루는 주요 자료이다.

구현하고자 했던 자신들의 정체성을 표현하기 위해 이 용어를 사용했다.Labriolle 1927 가장 설득력이 있는 자료 가운데 하나가 그리스도인들에 대해 다음과 같이 묘술하고 있다.

[그리스도인들은] 자기 나라에서 살지만, 오직 거류민으로resident aliens으로 삽니다. 그들은 다른 시민들처럼 모든 것에 관여할 권리가 있지만, 외국인처럼 모든 것을 감내합니다. 그들에게 모든 외국 땅이 그들의 조국이고, 자기들의 조국은 모두 외국 땅인 셈입니다.『디오그네투스에게 보내는 편지』5.5

그렇기에 만일 그리스도인들이 자신들이 받은 메시지가르침를 "삶으로 구현"inculturate 하지 않았더라면, 그들이 당시 사회를 기반으로 하지 않고, 주변의 신화와 시각적 이미지를 차용하지 않았더라면, 그들의 운동은 사멸하고 말았을 것이다. 그들은 고대문화 속에서 시각적 모티프를 사용했다. 예를 들어 선한 목자로서 목자 오르페우스Orpheus**, 기도상orante***, 비둘기와 배boat 등의 시각적 모티프를 채택한 것을 관찰하면 참으로 놀랍다. 때로 그들은 계속해서 새로운

---

* 거류민은 외국에 거주하는 것이 허용되었으나 시민권을 갖지 않은 '거주외국인'을 뜻한다.
** 오르페우스는 그리스 신화에 등장하는 최고(最古)의 시인이자 악인(樂人)으로, 그가 하프(Lyra)를 연주하면 목석이 춤을 추고, 맹수가 얌전해지고, 폭풍우도 잠잠해졌다고 한다. 아내 에우리디케가 독사에 물려 죽게 되자 명계(冥界)에 내려가 하프를 연주해 감동시킴으로 명계의 왕 하데스로부터 아내를 데리고 가도 좋다는 허락을 받는다. 하지만 지상에 돌아갈 때까지 아내를 돌아보지 말라는 하데스의 명을 어겨 아내가 명계로 사라졌고, 상심하여 다른 여인들을 돌보지 않는다는 이유로 살해를 당한 오르페우스는 하늘로 올라가 '거문고자리'(Lyra)가 되었다고 한다.
*** 초기 기독교의 기도하는 여인상을 지칭.

의미를 부여하였다. 어떤 때는 그 이미지들의 이전 의미가 일반 그리스도인들의 믿음을 형성하기도 하였다.Wessels 1994:34-36 종종 초기 그리스도인들은 자신을 언어로, 사회적으로, 제의적으로, 시각적으로 잘 표현하여 그들이 속한 문화와 소통하였고 그들을 비판하였으며, 그럴 듯하고도 시의 적절한 표현으로 사람들의 마음을 매료하는 통찰력과 접근법을 표현하였다.

신념과 권세

저스틴이 그랬던 것처럼 사람들의 마음을 사로잡았던 첫 번째 요인은 바로 그리스도인들이 가지고 있었던 신념이었다. 회심에 관한 초창기 이야기들에는 지적인 요소들이 강조되고 있다. 그리고 아리스티데스Aristeides, 아테나고라스Athenagoras, 저스틴 같은 변증가들의 작품을 통해 신앙에 있어서 필수적인 이론적 탄력성을 제시해줌으로써 새로운 신앙의 지평을 확장하는데 도움을 주었다.Lane Fox 1986:334 의심의 여지없이, 초기 기독교가 성공한 주요 요인은 그리스도께서 죽음을 정복하셨기 때문에 그리스도인들은 죽음을 두려워할 필요가 없다는 그들의 신념 때문이었다. 그들은 마지막 날에 예수와 함께 부활할 것을 믿었던 것이다. 이러한 종류의 신념으로 활기를 얻은 운동은 박해를 견디어낼 수 있게 했다.Cyprian, 『죽음에 관하여』; 『퀴리누스에게』3.58 우리가 가지고 있는 자료들, 특별히 지식인들이 저술한 자료들에 의하면 사람들이 그리스도인들의 신념에 매료되었다는 증거가 제시되어 있다. 그러나 그들은 또한 사람들이 두 가지 다른 실재, 즉 앞서 보았던 캐실리우스와 터툴리안의 이야기에서 보았던 실재가 그들로 하여금 기독교에 매력을 느끼게 했음을 암시하고 있다.

두 실재 중 하나는 그리스도인들 가운데에는 신적인 권세가 함께한다는 생각이었다. 터툴리안이 제시한 바와 같이, 그리스도인들은 "기적의 사람들과 접촉하고" 있었다. 치유 은사를 소유한 사람들이 기독교 공동체의 구성원으로 받아들여졌다. 그들의 은사는 "계시에 의해서" 그리고 사람들의 건강이 더 나아졌는가『사도전승』14와 같은 "사실"에 근거해서 검증되었다. 훨씬 더 중요한 것은 축사exorcism의 역할이었다. 고대의 많은 저술가들은 회심에 있어서 축사의 역할을 언급하고 있다. 실제로 맥뮬런Ramsay MacMullen은 이것이 "회심의 중요한 수단"이었다고 주장한다.1984:27 이것은 약간 과장된 면도 없지 않다. 그러나 우리는 이미 저스틴에게 있어서 그리스도께서 십자가 상에서 이루신 역사에도 불구하고, 이 세계에서 마귀가 어떻게 그들의 중독적 권세를 고집스럽게 주장하면서 영역 싸움을 하고 있는지를 살펴보았다. 많은 사람들은 자신들이 탐욕스런 영적인 세력들에 의해 눌려 있기 때문에 그것으로부터 해방되기를 간절히 바랐다. 그 결과, 마귀의 권세로부터 해방시키는 것은 교회가 잠재적 회심자들에게 제공할 수 있는 중요한 혜택 중 하나였다.Ferguson 1984:129 이렇듯 축사가 대다수 기독교 공동체의 입교예식의 핵심 부분이 된 것은 우연이 아니었다. 또한 기독교 공동체는 예측 불가능한 방식으로 마귀의 권세가 현존하고 있음을 경험했다. 이에 대한 좋은 예를 240년 대 초기 기독교의 저명한 신학자인 팔레스틴 출신의 오리겐Origen에 게서 찾아볼 수 있는데, 그가 신앙 문답자들에게 사무엘상을 가르치 고 있을 때였다. 그가 한나의 기도문"주님께서 나의 마음에 기쁨을 가득 채워 주셨습니다"을 읽고 있었을 때 느닷없이 참석자 중 누군가가 "악한 영 에 사로잡혀" 소리를 질렀다. 다른 참석자들이 그 귀신들린 사람에 게 달려갔고, 오리겐은 계속해서 한나의 기도문을 낭독했다. 결국 에 가서야 귀신들린 사람은 자유케 되었다. 그 때 오리겐은 다음과 같이 덧붙였다. "이러한 일들이 많은 사람들을 하나님께로 회심하 도록, 많은 사람들이 자신의 삶을 개혁하도록, 많은 이들이 믿음에 이르도록 인도하고 있다."『사무엘상 설교』 1.10

서쪽으로 수천 마일 떨어진 갈리아Gaul 지방에서 이레니우스Irenae- us도 이와 유사한 일을 목격했다. 기적적인 권세로 구원받은 사람들 은 "자주 믿음을 갖고 교회에 등록한다."『이단 논박』 2.32.4, 2) 신념과 공 동체로의 소속은 기독교 하나님의 뛰어난 능력을 경험하고 이해한 사 람들 때문에 가능했던 일이었다.

삶의 아름다움

두 번째 실재는 그리스도인들의 행동이었다. 터툴리안이 말했듯 이, 회심은 회심자를 "보다 훌륭한 사람"으로 변화시켰다.『그의 아내에 게』 2.7 기독교 변증가들은 이러한 사실을 아주 중요하게 여겼다. 예를 들어, 옥타비우스Octavius는 캐실리우스에 대한 답변에서, "삶의 아름다움이… 낯선 사람들을 그 모임에 가담하도록 고무시키고 있다… 우리는 위대한 일에 대해 설교하지 않는다. 다만 그러한 삶을 살아낼 뿐이다."『옥타비우스』31.7; 38.6 이것은 다소 건방진 주장처럼 들릴 수 있으며, 사실 그들의 언행이 서로 일치하지 않았던 그리스도인들도 많이 있었을 것이다. 이에 대한 암시가 2세기의 한 설교에서 등장한다.

이교도인들이 우리의 입술에서 하나님의 말씀을 들을 때, 그들은 우리의 삶의 아름다움과 위대함에 경탄할 것입니다. 그러나 그 후에 우리의 행동이 우리가 내뱉는 말과 일치하지 않는 모습을 보게 된다면, 그들은 돌이켜 우리를 비웃을 것이며, 우리가 믿는 것은 헛된 신화요 망상에 불과하다고 말할 것입니다. 예를 들어, "너희를 사랑하는 사람만 사랑하면, 무슨 상을 받겠느냐? 네 원수와 너를 미워하는 사람을 사랑하면 상이 있을 것이다." 그들이 이러한 이야기를 들을 때 탁월한 선행에 대해 놀라움을 금치 않을 것입니다. 그러나 우리를 미워하는 사람들을 사랑하지 않는 것을 목격할 때, 심지어는 우리를 사랑하는 사람도 사랑하지 못하는 것을 목격할 때 그들은 우리를 조롱하고 그분의 이름을 비웃을 것입니다.『제2 클레멘트 서신』13.4

그러나 여기에서 이 설교자는 이교도들의 마음을 사로잡는 삶을 구현하는 것이 자신들의 임무라는 것을 그의 양무리에게 상기시키고 있음을 주목해야 한다. 한 때 실패했을 지라도 다시 시도해야 했다. 행동이 변화될 수 있었던 이유는 심지어 하층민 그리스도인들도 보여주었던 삶을 통한 메시지였다. 2세기 후반 이교도 비평가 켈수스Celsus*는 "일자무식이자 시골 촌놈들"이 "자기들만이 … 생명에 이르는 올바른 길을 알고 있다"고 주장한다고 보고하고 있다.오리겐, 『켈수스에 대한 반박』 3.55 얼마나 짜증 섞인 표현인가! 그러나 한 이교도에게 경각심을 불러일으킨 이러한 자기 확신은 그들의 생활방식이 대단히 매력적이었음을 암시해 주는 대목이기도 하다.

이러한 삶의 양식이 어떻게 형성되었을까? 3장에서 다루겠지만, 그리스도인늘의 행농은 부분적으로는 그리스도의 가르침을 양무리의 삶에 적용시키려고 노력했던 교회 지도자들의 침례 이전의 신중한 신앙문답교육의 결과였다. 더욱이, 그리스도인의 삶의 양식은 "거류민"resident aliens으로서 그들은 자신들이 처한 사회적 현실이 로마 제국에 걸쳐 있으면서도 동시에 그것을 초월한 한 교회의 구성원이라는 자아 정체성의 결과였다. "그리스도인에게 전 세계가 우리의 집이다."폰티우스, 『키프리안의 생애』 11 기독교 회중들은 다른 교회들과 하나가 되고, 여행자들을 환대함으로써초기 그리스도인들은 아주 이례적으로

---

* 켈수스(Publius Juventius Celsus, 67? ~ 130?)는 로마의 법학자로, 그는 그리스도인들의 천박한 지성을 다음과 같이 비평하였다. "그리스도인들은 점잖은 주인앞에서는 한 마디도 못하다가, (교육을 전혀 받지 못한) 노예, 어린이, 여자들이 오면' 쩌부렁쩌부렁' 하면서 하면서 기독교를 전한다. 이런 수준의 인간들이 믿는 종교는 그 미래가 암담하다"(김회권, 『하나님나라의 신학으로 읽는 사도행전』(서울: 복있는 사람), 112-113쪽).

유동적인 집단이었다 [Wischmeyer 1992:61]. 그리고 광산에서 복역하는 죄수들인 동료 그리스도인들을 지원함으로써아리스티데스, 『변증서』 Apol 15.8 이러한 현실을 잘 표현해 주고 있다. 그러나 지역적으로 그들은 또한 자신들이 비범한 삶의 양식을 살아가는 원대한 비전을 가진 사람들의 집합체임을 알고 있었다. "그리스도인은 자신이 속한 도시에서도 나그네입니다."폰티우스, 『키프리안의 생애』 11 터튤리안그는 결코 페미니스트가 아니었다이 말했듯이, 어떤 공동체에서 이러한 일은 연약한 사람들에게 힘을 불어넣어 주고, 여성들에게 자유를 부여함으로 중요한 일들을 하도록 한 것으로부터 입증되었다.MacDonald 1996 훨씬 더 광범위하게는, 초기 기독교 공동체가 경제적 나눔과 자신들의 가난한 처지에도 불구하고 가난한 사람들을 세심하게 돌보았던 것이 그들 공동체의 특징이었다.

4세기 초반 아주 재미있는 예를 이집트에서 찾아볼 수 있다. 그곳에서 강제 징집대press gang*가 농부들을 납치하여 로마 군단에서 복역시키기 위해 나일강 하류로 그들을 호송하고 있었다. 테베Thebes**에서 교회가 그 지역 감옥에 징집병들이 수감되어 있다는 소식을 들었다. 부대 장교들이 그들을 호송하기 전, 탈출을 막기 위해 감옥에 가두어 두었던 것이다. 그리스도인들은 죄수들이 절망 상태에 빠져 있다는 소식을 듣고는 음식을 비롯해 마실 것과 생필품 등을 가져다

---

* 강제 징집대(press gang)는 과거에 남자들을 강제로 입대시키도록 고용되었던 사람들이다.
**테베(Thebes): 고대 이집트 신왕국시대(B.C. 1567경~B.C. 1320경)의 수도. 상이집트, 카이로 남쪽 726km, 현재의 룩소르 주변에 해당한다.

주었다. 징집병 중 한 사람인 파코미우스Pachomius는 도대체 무슨 일이 일어나고 있는지를 물었다. 파코미우스는 자신을 도와준 사람들은 그리스도인들로 그들은 "낯선 사람들뿐만 아니라 모든 사람에게 자비를 베푼다"는 이야기를 들었다. 그는 그리스도인들에 대해 한 번도 들어본 적이 없었기에 계속해서 더 많은 정보를 얻기 위해 질문했다.

> 그 사람들은 그리스도, 독생하신 하나님의 아들의 이름을 간직한 사람들이요, 모든 사람들에게 선을 베풀며, 하늘과 땅과 인간을 만드신 분에게 소망을 둔 사람들입니다.『파코미우스의 첫 번째 그리스 생활』, 4-5

그리스도인들의 방문과 물질적 원조에 용기를 얻은 파코미우스는 감옥에서 가능한 한 혼자 있으려고 했으며, 그곳에서 하나님께 기도를 통해 조건부 헌신을 하였다. "하나님, 만일 당신께서 이 고난에서 우리를 건져주시면, 내 평생 당신의 뜻을 위해 일하겠습니다." 그 후 초기 수도원 운동의 원동력이 된 인물이었던 파코미우스는 석방되었고, 곧바로 교회로 찾아가, 그곳에서 교육을 받고 침례를 받았다.

신앙문답 교육과 침례는 모두가 기독교 공동체로 들어가는 수단으로 이용되었으며, 온전한 회심이 이루어졌는지를 판단하는 도구였다. 그리스도인들의 덕스러운 삶의 실천적 행동이 없었더라면 파코미우스는 결코 여기까지 도달할 수 없었을 것이다. 다시 말하면 그리스도인이 되지 못했을 것이다. 다른 지역과 마찬가지로 테베The-bes에서도 공식적으로 자신의 신앙을 표현할 수 없었던 그리스도인 들은 세계가 자신들을 주목하고 있다는 사실을 잘 알고 있었다. 그래서 기독교 지도자들은 그리스도인들의 삶의 투명성과 미덕을 거듭 강조했다. 파코미우스가 살았던 시대의 한 이집트 자료에는 이러한 전통이 잘 나타나 있다『히폴리투스 정경』19. "[그리스도인들의 삶이] 우리들 앞에서 뿐만 아니라 이방인들 앞에서 선행으로 밝게 빛나, 그들이 그러한 삶을 보고 모방하여 그리스도인들이 되게 하소서."

---

1) 사용된 출처: Minucius Felix, 『옥타비우스』*Octavius*, ed. G.H. Rendell, Loeb *Classical Library 250*에서; Tertullian, 『그의 아내에게』*To His Wife*, in ANF 4; Passio Perpetuae, in *Musurillo* 1972: 107이하; *Testamentum Domini*, ed. Cooper and MacLean 1902;『사도계율』Didascalia Apostolorum, ed. Connolly 1929; 2 Clement, ed. Cl. C. Richardson, and 『디오그네투스에게 보내는 편지』*Epistle to Diognetus*, ed. E. H. Fairweather, both in Richardson 1970;『사도전승』*Apostolic Tradition*, in Cuming 1987; Cyprian and Pontius, in ANF 5; Origen, 『켈수스에 대한 반박』*Contra Celsum* (Chadwich 1953); Origen, 『사무엘상 주석』*Hom on Sam*, in Nautin and Nautin 1986; Ireanaeus, in ANF 1;『파코미우스의 첫 번째 그리스 생활』*First Greek Life of Pachomius*, in Veilleux 1980;『히폴리투스 정경』*Canons of Hippolytus*, ed. Bradshaw 1987.

2) 또다른 이야기들을 위해서는 Minucius Felix, 『옥타비우스』 27.5; Tertullian, 『스카폴라에게』*Ad Scapulam* 2; Justin, 2『변증서』Apol 6를 보라.

3장. 회심의 여정

재사회화의 네 가지 단계

연민의 공동체는 파코미우스를 매료시켰던 유형의 교회였다. 파코미우스와 신앙의 본질을 주구하는 사람들에게 회심은 교회 공동체의 구성원으로 변화되는 것을 포함했다. 이 일은 순식간에 일어날 수 없었다. 회심은 신앙의 예비자들이 자신을 "재사회화"resocialization의 과정에 복종시킬 때 일어났기 때문이다. 예비자들이 재사회화 과정에 헌신했을 때, 그들의 새로운 공동체가 그들의 신념, 소속감, 행동 양태의 변화를 위해 관리 감독했다.Meeks 1993:1 신앙의 예비자들은 더 이상 주류 사회의 가치에 따라 살지 않았다. 검증, 교육과 종교 예식 과정을 통해 그들은 회심 예비자로 변화되어 갔고, 대안 공동체의 생활 방식 속에서 자신을 재조명하도록 도와주었다.[1]

회심은 공동체마다 다양한 방식으로 일어났던 것이 틀림없다. 그러나 일반적으로 히폴리투스의 저작으로 여겨지는, 저명하고도 수수께끼 같은 표현으로 가득 찬『사도전승』*과 북아프리카와 팔레스타인의 자료들로부터 우리는 회심의 여정이 무엇인지를 배울 수 있다. 현대 예배학자들의 분석에 의하면, 가장 발전된 형태의 4세기 자료에는 회심이 보통 네 단계로 이루어져 있음을 기록하고 있다.Harmless 1995:3 1단계에서는 그리스도인과 잠재적 신앙인의 접촉점인 복음 전도는 특별한 형식이 있던 것이 아닌, 개개인의 특별한 경험에 따라 다양했다. 복음전도의 과정은 기독교에 매력을 느낀 사람이 교회의 지도자를 만나고 침례교육을 신청하면서 종료가 되었다. 만약 예비자들을 검증한 지도자들이 그들의 믿음을 인정을 해주면, 지도자들은 그들을 2단계인 신앙문답과정catechumenate에 올라가는 것을 허락했다. 이제 예비자들은 그들의 옛 가치와 사회와 맺은 관계solidarity를 뒤로하고 회심의 여정에 헌신하게 된다. 입교자로서 그는 더 이상 전형적인 이방인이 아니었지만, 그렇다고 기독교 공동체의 정식 회원이 된 것도 아니었다. 일주일에 몇 번씩 회심의 과정에 도움이 되는 가르침을 받았다. 가르침은 회심자의 행동을 재형성하는데 집중했다. 예비자의 행동이 충분히 변화되었다고 판단이 되면, 그[녀]는 교화enlightenment 과정인 3단계에 진입하게 되는데, 이 단계는 신념에 집중하는 과정이다. 이 단계에서 입교자는 교리적인 가르침을 받았다. 더불어 예비자들은 마귀를 쫓아내는 의식을 받았고, 신앙문답자들이 "물로 거듭나는" 침례 예식으로 절정에 이르게

---

* 『사도전승』은 3세기 초에 히폴리투스가 편집한 것으로 알려진 초대 교회 문헌으로, 초대 교회의 교회 제도(서품, 서임, 증거자와 치유자, 성찬)와 신자들의 생활(예비자 등록, 교리교육, 침례자 선발, 침례 준비, 침례, 견진, 성체성사)에 대한 규정들을 담고 있는 중요한 문헌이다.

되는 영적 준비 훈련을 받았다. 터툴리안, 『침례에 대하여』 1) 이 지점에서
입교자들은 완전한 공동체의 일원으로서의 소속감을 경험했다. 그
들은 공동체의 기도와 주의 만찬에 참여할 수 있었다. 4세기에 간략
한 네 번째 단계인 신비입문식mystagogy*이 덧붙여졌다. 이 과정에서
신앙문답교사들은 침례와 성만찬 예식의 의미와 새신자들이 처음 참석
했던 두 의식의 경험담을 입문자들에게 설명해 주었다.

『사도전승』에 나타난 회심

이 과정에 대한 상세한 내용을 제공하는 가장 초기의 자료는 『사
도전승』이다. 『사도전승』은 3세기 교회들의 다양한 실천들을 명확
하게 기록하고 있다.2)『사도전승』15-16에 따르면, 특별한 형식이 없
는 제1단계에서는 교제를 통해 기독교 공동체에 참여하기로 결정했
던 사람을 친구나 후견인들에게 연결시켜 주었다. 이들은 그 사람
이 교회의 정기적인 신앙문답 과정에 앞서 주중에 하루를 정해 아침
에 그를 데리고 기독교 교사들을 만났다. 두 번째 단계로 연결되는
이 첫 번째 만남 혹은 "정밀심사"scrutiny 시간에, 교사들은 잠재적 예
비자들을 양팔을 벌려 환영하지 않았다. 오히려, 교사들은 예비자
나 후견인 모두에게 예비자들의 사회적인 지위, 직업, 행동에 관해

---

* 신비입문식(mystagogy)은 성인 입교 예식(Rite for the Christian Initiation of Adults)
  최종 단계로 부활절 이후 입교자에게 구원의 신비를 보다 깊이 이해할 수 있도록
  돕는 과정이다.

답하기 어려운 질문을 했다. 신앙문답 교사들의 관심은 예비자들이 "말씀을 들을 수 있는 능력이 있는지"를 결정하는 것이었다. 예비자들은 교회가 가르쳤던 대로 살고 있는가? 예비자들의 군복무는 어떤 상태인가? 만약 예비자가 노예라면, 그들의 주인은 어떻게 생각할까? 예비자들은 교회가 거절하는 우상숭배, 점성술, 살인이나 성적인 타락에 관련된 일부 직업과 관련되어 있지는 않는가? 만약 그렇다면 "그러한 삶을 거부하게 하게 하십시오. 그렇지 않으면 교회에 받아들이지 마십시오." 만약 어떤 사람이 군복무 같은 곤란한 직업에 몸담고 있다면, 살인을 하지 않겠다고 약속한 경우에만 신앙문답예비자로 받아들여졌다. 만약 군인이 살인을 하거나 신앙문답예비자가 군대에 입대하면, "그를 받아주지 마십시오." 이것은 아마도 오늘날 우리들에게는 가혹한 율법주의, 심지어 심술이 고약해 보이기까지 하다. 어떻게 잠재적 회원이 가르침을 받기에 앞서 소속된 공동체 기준에 따라 가르침을 받은 대로 살지 않았다는 이유로 그들을 거절할 수 있을까? 그러나 초기 신앙문답 교사들은 교회 공동체의 가치관이 전통적인 사회의 가치관과 다르다는 개념을 공동체에 전달하고 가르치려고 노력했다. 기독교 지도자들은 사람들이 새로운 삶을 어떻게 살아가야 하는지를 생각하지 못할 것이라고 가정했다. 그들은 새로운 종류의 사고방식으로 삶을 살아갔다. Rohr 1991:59 예비자의 사회화와 그들의 직업, 삶의 헌신을 통해 그들이 기독교 공동체가 좋은 소식이라고 여기고 있는 것을 받아들이고 있는지를 결정했다.

첫 번째 시험을 통과하고 가르침을 수용하면, 신앙문답예비자들은 회심의 여정의 두 번째 단계에 들어섰다. 일주일에 몇 번씩 아침 일찍, 예비자들은 때때로 후견인들과 함께, '말씀을 듣기' 위해서 모임을 가졌다. 지도자가 가르침을 끝내면, 예비자들과 신자들은 각각 개별 그룹으로 나뉘어졌다. 신자들이 기도하고 '평화의 인사'를 교환하는 동안에, 예비자들은 평화의 인사를 나누지 않고 그들끼리 기도를 했다. 왜냐하면 예비자들의 입맞춤은 아직 거룩하지 않기 때문이었다. 초기 기독교 공동체는 '평화의 입맞춤'을 남녀 구별 없이 교환했다. 교사가 예비자들의 머리 위에 손을 얹어 안수하고, 그들을 위해 기도한 다음, 교사는 그들을 해산시킨 후 일터로 나가도록 했다. 매일의 신앙문답을 위한 구체적 계획regimen은 우리가 보기에 굉장히 긴 기간 지속되었다. 사히딕콥틱방언으로 교정된 『사도전승』3세기 후반?은 이것이 3년간 지속되었다고 말한다. 그리고 4세기 초 스페인에서, 신앙문답과정은 5년간 지속되었다고 말한다.Hamman 1992:151;『엘비라의 규범들』11 그러나 중요한 것은 기간이 아니라 회심 자체였고, 그것이 목적이었다. 따라서 신앙문답과정은 평소보다 더 짧아질 수 있었다. "만약 누군가가 명민하고 잘 인내하면, 기간은 문제될 것이 없고, 오직 그의 행동으로 판단하면 됩니다."『사도전승』17

『사도전승』은 실망스럽게도 신앙문답의 내용에 대해서는 거의 말하고 있지 않다. 후견인을 포함해 교회의 구성원들의 모본은 예비자들의 행동을 이끌어 주는데 매우 중요한 요인이었음이 분명하다. 구성원들이 예비자들의 행동을 격려했을 때, 예수님의 가르침이 그들의 신앙 형성에 중요했던 것이 틀림없었다. 왜냐하면 "그대들이 그리스도를 기억 속에 항상 간직하고 있기 때문입니다."『사도전승』41 신앙문답과정의 절정으로서의 시험인 정밀심사scrutiny의 관심사는 실질적인 문제들을 다루는 것이었다. 이것은 신앙문답 교사들이 예비자들에게 가르치려고 했던 것들을 가능한 많이 전달했다. 삶의 모본과 교훈을 통해, 신앙문답교사는 의도적으로 예비자들의 행동을 재형성했다. 그리고 이 재형성의 성공이 어느 정도냐에 따라 예비자들이 그들의 회심의 여정을 더 진행할 것인지 말 것인지를 결정하였다. 만약 예비자들과 그들의 후견인들이 예비자들이 그리스도인으로 살고 있다는 사실에 동의한다면 그들은 두 번째 심사 위해 공동체의 지도자들 앞으로 나아갔다. 이 기간의 예비자들의 행동과 생활방식은 다음과 같다.

그들이 신앙문답과정을 거치면서 선한 삶을 살아왔습니까? 그들이 과부들을 존중해 왔습니까? 그들이 아픈 사람들을 방문해 왔습니까? 각종 선한 일들을 실천해 왔습니까?『사도전승』20

만약 예비자들이 정말로 기독교 공동체의 가치와 우선순위에 따라 살아왔다고 후견인들이 보고한다면, 『사도전승』20이 "그들에게 복음을 듣게 하십시오"라는 명령에 따라, 그들은 회심의 여정 세 번째 단계로 들어설 수 있었다.

이후로부터 그들의 침례 전 마지막 주까지 예비자들은 신앙문답

과정에 매일 참석했다. 『사도전승』은 "복음"이 무엇을 의미하는지를 자세히 설명해 주고 있지 않기 때문에, 이것은 학자들에게 몇 가지 난제로 남아있다. 신앙문답 교사가 예비자들에게 초기 형태의 신조들지엽적인 "신앙규칙"rules of faith로 이루어진 교회의 믿음들을 소개하고 그들에게 다양한 형태의 위험한 이단들을 경고하는 내용의 요약본이었을 가능성이 크다. 이 기간 예비자들은 아마도 처음으로 주의 기도Lord's Prayer에 참여하게 되었을 것이다.3) 그들은 또한 매일 축사 의식exorcism을 받았다. 예비자들이 침례 받을 때가 다가오면 주교는 각각의 예비자들을 대상으로 세 번째의 마지막 심사과정을 수행했다. 이때의 심사가 바로 축사 의식이었다. 주교는 예비자들이 "신앙의 말씀을 들을 수 있을" 만큼 "순전한"지에 관심을 기울였다. 왜냐하면 "이방인"은 철저하게 공동체로부터 배제되었기 때문이다.

만약 그런 과정을 거쳤다면, 예비자들은 회심의 여정의 절정인 3단계인 부활절 철야기도의 정화 의식cathartic rituals으로 이어졌다. 토요일에 주교는 예비자들을 불러서, 축사의식을 최종적으로 한 번 더 실시한 후에 그들의 얼굴에 숨을 불어 넣었다. 그다음 예비자들은 옷을 벗고 기름부음을 받았다. 벌거벗음으로 그들의 "세속적인 사회화"secular socialization가 벗겨졌고, 그들의 "세속에 대한 관심, 가치와 충성들이라는 오랜 기간의 축적물들"이 제거되었다.Miles 1989:24 그들은 사탄과 의절했고, 세 번 물속에 몸을 담그고 성부와 성자와 성령의 이름으로 자신들의 믿음을 고백했다. 그들이 물속에서 일어났을 때 그들은 새로운 옷을 입게 된 것이었다. 그런 다음에야 마침내 그들은 "교회 공동체 속으로 들어갔다." 주교는 그들에게 기름을 바르고, 예비자들이 새로운 가족의 형제자매로 함께 하게 되었다는 뜻으로 그들에게 성호를 그었다. 공동체로의 소속으로 그들은 연대감을 갖게 되었다. 교회 구성원들 사이에서 그들은 형제자매들로 이루어진 새로운 가족을 발견하게 되었고, 공동체로의 소속이라는 새롭고도 우선적인 자리를 찾게 되었다. 이것은 또한 그들에게 위험요소를 제공하는 일이기도 했다. 312년까지 기독교는 불법적인 미신에 불과했고, "모든 그리스도인들은 사형의 예비자들이었다."Bardy 1949:170

이 과정을 거쳤다고 해서 새로운 신자의 교회 등록이 완전히 끝난 것은 아니었다. 처음에는 그들은 공동기도나 "평화의 입맞춤" 같은 가족 활동에 참여했다. 그리고 그들의 첫 번째 성찬식으로 빵, 포도주, 우유와 꿀을 공급받았다. 그들의 신념과 소속, 행동은 회심의 여정을 통해 변화되었다. 그리고 예비자들은 확실히 완전히 새롭게 태어나 드디어 "그리스도인", 즉 확실히 새롭게 태어난 자새로운 개종자가 되었다. 완전한 교회의 구성원이 된 것이었다. 새로운 그리스도인들은 주교에 의해 그들이 이제 경험하게 될 성례전에 대한 몇 가지 개인적인 가르침을 받았을 것이다. 그러나 그들에게 주요한 과업은 그리스도인으로 사는 것이었다. 그들은 "선한 일을 하는데 머뭇거리지 않고… 올바르게 살기에 힘쓰고, 교회를 향한 열정을 품었고, 그들이 배운 대로 행했습니다."『사도전승』21. 4)

신앙문답자 학습 − 이야기와 이미지 통제 기법

그렇다면 신앙문답자들이 배운 것은 무엇이었을까? 이렇게 물어보는 것이 당연하다. 학자들은 이 질문에 거의 관심이 기울이지 않았다. 그러나 회심은 변화를 포함하고 있기 때문에, 그리고 변화가 침례의 구비조건이었기 때문에 그들이 무엇을 배웠는지를 조사하는 일을 시도하는 것은 중요한 과제라 할 수 있겠다.『사도전승』보다 더 자세한 설명을 전달하고 있는 다른 자료에 보면, 회심의 여정 2단계에서 진행된 가르침의 내용에 대한 몇 가지 힌트를 얻을 수 있다. 거기에는 회심의 과정에서 그들에게 가르친 적어도 네 가지 종류의 범주가 포함되어 있다.

그것들 중에 하나는 신앙문답 교사들의 가르침의 핵심처럼 보이는 기독교 공동체의 축적된 이야기narrative다. 최초의 교회 신자들은 키프리안의 전기 작가인 폰티우스가 언급했듯이, 장기간의 신앙문답 과정이나 침례 전 예비과정이 요구되지 않았다. 에티오피아의 환관행8장처럼 예비자들은 이미 히브리 성경의 가르침과 이야기를 알고 있었다. 그러나 그 후 무지한 이방인 출신 예비자들뿐만 아니라 심지어 키프리안처럼 매우 의욕적인 사람일지라도 자신이 탐구하고 있는 전통이 무엇인지, 그에 관한 이야기들을 배워야 했다.폰티우스, 『키프리안의 생애』3 그래서 이레니우스의『사도적 가르침의 증거』속에 신앙문답에 관한 이야기 구조가 있는 것은 놀랄 일이 아니다.Ferguson 1989 훨씬 더 광범위하고 느슨한 형식의 문헌들을 살펴보면, 이러한 일은 히브리 성경에 대한 오리겐의 신앙문답 설교에서도 사실로 드러난다. 그리고 2세기가 지난 후에, 어거스틴은 그의 침례 예비자들이 교회의 축적된 이야기에 의해 신앙이 형성되는 것에 대해 깊은 관심을 보인다.Harmless 1995:149 그리스도인들은 삶을 희생하는 역할모델 뿐만 아니라 광범위한 역사 인식을 갖는 것도 중요한 과제였다.

두 번째로, 신앙문답 교사들은 우리가 이미지 통제 기법*이라 부르는, 기독교 공동체에 정체성을 제공했던 이미지나 이야기를 전달하는 것에 관심이 있었다. 그것들 중 몇 가지는 다니엘서의 맹렬한 불꽃 안의 세 명의 젊은 청년이나, 치유 기적 기사의 그리스도나 카타콤의 프레스코화**에 빈번히 등장하는 인물들이었다. 그것들은 그리스도인들이 경험하는 현실이 어떠한지를 표현했다.Snyder 1985:54-55, 59 예언서 구절들 속에서도 또 다른 예를 찾을 수 있다. 그중 초기 기독교 작가들이 다른 어떤 구절들보다 매우 자주 언급하는 이사야서 2:2-4, 미가서 4:1-4 등도 포함되어 있다.Lohfink 1986 모든 그리스도인들이 알고 있을 것이라고 오리겐이 추측한 이 구절은, 신앙문답 과정에서 분명히 전달되었을 것이다.

신자들 중에서 누가 이사야서의 말씀을 알지 못하겠습니까? "마지막 때에 주님의 성전이 서 있는 산이 모든 산 가운데서 으뜸가는 산이 될 것이며, 모든 언덕보다 높이 솟을 것이니, 모든 민족이 물

---

* 작품의 주제를 강조하기 위해서 반복 사용하는 문학적 기교
**마르지 않은 석회 벽면에 물감으로 채색하는 그림 기법

밀듯 그리고 모여들 것이다. 백성들이 오면서 이르기를 '자, 가자. 우리 모두 주님의 산으로 올라가자. 야곱의 하나님이 계신 성전으로 어서 올라가자. 주님께서 우리에게 주님의 길을 가르치실 것이니, 주님께서 가르치시는 길을 따르자" 할 것이다. 율법이 시온에서 나오며, 주님의 말씀이 예루살렘에서 나온다. 주님께서 민족들 사이의 분쟁을 판결하시고, 뭇 백성 사이의 갈등을 해결하실 것이니, 그들이 칼을 쳐서 보습을 만들고 창을 쳐서 낫을 만들 것이며, 나라와 나라가 칼을 들고 서로를 치지 않을 것이며, 다시는 군사훈련도 하지 않을 것이다."『율리우스 아프리카누스에게 보내는 편지』15

그리 놀랄 일은 아니지만, 조기 기독교 삭가들은 이 구절들에서 나타난 이미지 통제 기법을 다양한 문학에서 반복적으로 인용했다.5)

신앙문답자 학습 – 예수의 가르침들을 실천하는 방법

아마도 일부 초기 기독교 교사들에게 세 번째 범주의 자료는 예수 그리스도의 가르침인 예루살렘에서 나온 "새로운 율법"의 모본이 되었다. 2세기 변증가인 아리스티데스는 다음의 사실에 주목했다. "지금의 그리스도인들은…그들의 가슴에 새겨진 주 예수 그리스도의 계명을 가지고 있다. 그리고 그들은 이 계명에 순종한다."『변증서』15.3 2세기 후반에 아테네 사람 아테나고라스는 "무엇이…우리를 성장시키는 가르침인가”라는 질문을 받았을 때, 예수 그리스도의 산상수훈을 인용하는 것으로 대답을 대신했다. “내가 너희들에게 말한다. 너희를 저주하는 사람을 사랑하며, 너희를 박해하는 사람을 위해 기도하여라. 그래야만 너희가 하늘에 계신 너희 아버지의 자녀가 될 것이다.”『변호론』11.2 오리겐에 따르면, 신자들을 돌보시고, “그들의 새로운 여정에서 안내자가 되신” 분은 예수님이셨다『여호수아서 설교』4.2. 그의 이야기들은 저스틴이 주석했듯이 “짧고 간결했다…[그리고] 그의 말씀은 하나님의 능력과 같았다.”『제1변증서』14 그렇게 그리스도인들은 자신들의 교사들로부터 “능력이 있고,” “예리하며,” “매력”으로 가득 차 있는 주님의 말씀의 “교훈”과 “명언”들을 배웠고 가르침을 받았던 것이 확실하다.6) 그분의 삶은 또한 그들의 모본이 되었다. 신자들은 원수들을 만났을 때 “종교적인 박해를 인내하신 예수님의 삶의 모본을 따랐다.”오리겐,『켈수스에 대한 반박』2.25 예비자들은 “그의 가르침과 행동을 모방했다.”『사도계율』5.5 이렇게 가르침을 받으면 교회의 구성원들은 “예수께서 가르치셨던 삶, 하나님과의 우정과 예수님과의 교제에 관한 예수의 명령에 따라 살던 사람들을 인도했던 삶을 살아내는” 공동체의 구성원이 될 준비가 된 것이다.오리겐,『켈수스에 대한 반박』2.25

마지막으로, 신앙문답 교사들은 실천적인 가르침을 전수했다. 교사로서 그들의 성공은 제자들이 기독교 공동체의 방식을 배웠는가, 그것들이 얼마만큼 잘 체화되었는가의 정도에 의해 평가되었다. 그들이 가르친 것은 무엇인가? 어떤 공동체에서는, 만약 우리가『사도전승』의 일차적인 척도를 일반화할 수 있다면, 신앙문답 교사들은 가난한 사람들의 필요에 얼마만큼 민감하게 반응하는지에 관심을 기울였다. 다른 자료는 예비자들이 질문을 받을 때 어떻게 그들의 믿음을 고백할지, 핍박을 받을 때 어떻게 인내해야 하는지에 대해 배웠음을 암시하고 있다.『사도계율』5.6 오리겐은 예비자들은 그들의 원수들에 대항하여 스스로 방어하지 말고 그들에게 "사랑과 온유함"으로 대응하도록 가르침을 받았다고 보고한다.『켈수스에 대한 반박』3.8 오리겐이 강조하듯이, 신앙문답 교사의 핵심 과업은 예비자들의 "행동과 습관을 변화시켜" 그들이 "회심의 가치 있는 열매들을 보이는 것"이었다.『누가복음 설교』22.5 8 그리고 이런 가르침 안에, 오리겐의 수제자 중 하나였던 폰투스Pontus 출신 그레고리Gregory에 따르면, 신앙문답 교사들의 모본이 진정으로 삶을 변화시킨 요인이었다. 오리겐은 "우리에게 덕virtue을 실천해야 한다고 자주 격려해 주었고, 그가 가르쳤던 교리보다 그가 실천했던 행동으로 우리를 자극하였다"고 그는 기록하고 있다.『찬가』9

키프리안 학파의 "종교적인 가르침"

우리에게 특히 도움이 되는 자료는 키프리안의 저서『퀴리누스에게』로, 키프리안이 생각하기에 신앙문답 교사들과 예비자들을 위한 의제가 무엇에 근거해야 하는지를 보여주고 있다. 신앙문답 교사로 추정되는 퀴리누스라는 사람의 요청에 대한 응답으로 키프리안은 일련의 성경 인용구들로 뒷받침하고 있는 세 권의 "교훈서"를 책으로 편찬했다.Quacquarelli 1971:204 첫 번째 책은 구원사salvation history를 다루고특히 기독교와 유대교와의 관계, 두 번째 책은 그리스도론을 다룬다. 세 번째 책은 다른 두 책들을 합친 것보다 두 배나 길고, 보다 포괄적인 내용으로, "우리 종파의 종교적인 가르침"과 관련된 "주님의 교훈과 거룩한 가르침"을 제공한다. 키프리안은 "이것이 쉽고 유용하기"를 희망했다.『퀴리누스에게』서문 120개의 교훈들은 두 가지 기능을 가지고 있었다. 첫 번째로, 그것들은 독특한 신념belief, 소속belonging과 행동behavior의 공동체로서 교회의 특성들을 다루었다. 게다가 키프리안이 이들 120개의 교훈들을 성경적인 토대를 가지고 뒷받침하고 있기 때문에, 공동체의 성경 지식을 고양시키는데 기여했다.

세 번째 책의 120개 교훈 중 48개는 신념을 강조한다. "교훈 제10항"Precept 10은 말하고 있다. "우리는 오직 하나님만을 신뢰해야 하고, 그 분께만 영광을 돌려야 합니다." 다른 교훈은 박해와 전염병이 널리 퍼진 세상에서 하나님께서 부활을 제공해 주셨기 때문에 안전하다는 것을 성도들에게 확신시키고 있다. 그러므로 "어느 누구도 죽음 때문에 슬퍼해서는 안 됩니다." 따라서 모든 그리스도인은 순종에 따른 위험risk을 받아들여야 함을 시사해 준다.3.58 키프리안에게, 성만찬은 공동체 예배의 중심이었다. 이것은 "두려움과 존중하는 마음으로 받아야 합니다." 그러나 공동체의 신념과 성례전에 대해 키프리안이 실제로 중요시했던 것은 어떻게 그것들이 공동체의 실천에 영향을 미치는가였다. 교훈 26항에 따르면, "만약 한 사람이 행동과 행위에 있어서 아무런 유익이 없다면" "침례 받고 성찬을 받는 것은 부질없는 일에 불과합니다"라고 말하고 있다. 그것이 중요한 것은 특히 이것들이 공동체의 행동에 영향을 미치기 때문이라고 그들은 믿었다.

키프리안에게는 신념이 중요했던 만큼 소속감도 중요했다. 키프리안은 수많은 교훈들을 통해 공통의 정체성shared identity에 대한 강한 신념을 가진 공동체를 가르치려고 노력했다. 그는 가족언어familial language를 사용해 가족은 상호의존적어야 한다고 강조했다. "형제들은 서로 다른 형제들을 도와야만 합니다."3.9 키프리안은 서로 돕는 상호의존적인 공동체야말로 이 사회와 구별된 존재라 생각했다. 여러 교훈들 속에서 그는 "신자는 이방인처럼 살지 말아야 합니다"라고 강조했다.3.34, 62 그들이 송사할 때에 자신들의 문제를 "이방인의 재판관" 앞에 가지고 가서는 안되었다.3.34

키프리안의 교훈들 중 가장 위대한 부분을 들라면 그것은 행동과 관련된 부분이었다. 키프리안은 신자들이 창조적으로 비그리스도인과 관계 맺기를 원했다. 그리스도인들은 정당한 임금을 지불해야 하며, 높은 이자를 취해서도 안 된다.3.81, 48 그들이 상처를 입었을 때에도 보복해서는 안 된다.3.23 아주 흥미로운 것은 120개의 교훈 어느 곳에서도 그리스도인들이 비그리스도인들에게 자신들의 신앙에 대해 말해야 한다는 내용이 없다는 사실이다. 그가 생각하기에 이것은 너무 위험했기 때문이었을까? 또는 그리스도인의 구별된 삶의 양식이 말보다 더 웅변적이었기 때문이었을까? 아마도 후자가 옳은 말일 것이다. 교훈 26항에서 그는 본이 되는, 가시적 삶의 스타일과 관련된 구절들을 인용한다. "여러분의 빛을 사람들에게 비추십시오." 그리고 교훈 96항에서 그의 관심은 "우리는 말이 아니라 행동으로 일해야만 합니다."

이것을 이해한다면, 『퀴리누스에게』의 대부분의 교훈이 그리스도인들이 서로를 대하는 방법에 관한 것으로 상당부분의 지면을 할애하고 있는 것은 놀랄 일이 아니다. 그렇듯 키프리안은 가정house-hold 안에서 선한 말, 분노, 상호교정의 중요성을 다루었다. 키프리안이 리더십에 관한 높은 관점을 가지고 있었다는 사실도 놀랄만한 일이 아니다. "우리는 주교나 장로가 오면 자리에서 기립해야야 합니다."3.85 그러나 "그들은 이 세상에서 더 많은 권세를 가진 사람들에게 판단을 받게 될 것입니다"라는 말로 그는 경고했다.3.112 키프리안은 성도들이 생동감 넘치고 지속가능한 공동체의 틀 안에서, 그가 알고 있었던 속박으로부터 벗어나 자유로운 삶을 경험하기를 원했다. 회심의 여정에서 그가 했던 씨름을 통해, 키프리안이 소박한 음식, 욕심의 위험성, 허세부리는 삶의 유혹을 다루는 이유를 이해할 수 있게 된다.3.60, 61, 36 120개 교훈의 순서가 중요할까? 궁금하지 않은가? 일반적으로는 순서가 그렇게 중요하지 않다고 생각한다. 그러나 그의 첫 번째 교훈이 자신들을 "경제적 재분배"란 말로 표현했던 "선행과 자비"와 관련되어 있다는 것은 우연이 아니다. 이것은 키프리안에게 회심의 문제였다. 그리고 그 교훈에 대한 36개 지지 성경본문들은 그의 연구와 관심분야의 깊이를 보여준다. 『퀴리누스에게』3에서 인용한 첫 번째 성경구절은 이사야서 58:7이다. "굶주린 자에게 너희 음식을 나눠주고 집 없이 떠돌아다니는 가난한 사람을 너희 집으로 맞아들이며 헐벗은 자를 보면 입히라."3.1-『현대인의 성경』 이것은 가난한 자들과 궁핍한 자들에 대한 세심함attentiveness이 신앙 문답자들이 침례를 받는 과정에서 변화를 보여야만 하는 첫 번째 영 역이라는『사도전승』내용과 일치하는 대목이다.

『퀴리누스에게』3은 신앙문답 교사들이 회심의 여정 제2단계에 서 무엇을 가르쳐야 하는지를 보여준다고 키프리안은 생각했다. 물론 3단계는 기독교 신앙에 대한 보다 교리적인 분야를 가르칠 것 을 요구했다. 『퀴리누스에게』2는 이것에 대한 자료를 제공하고 있 는가? 아무튼 침례는 3단계의 정점에서 기독교 공동체의 "닫힌 성 원"enclosed garden을 넘어서는 결정적인 분기점threshold을 제공했다.키프 리안, 『편지』73[74].11 개개인의 회심의 여정에서 발생했던 변화의 결과 로 이 정원에는 독특한 관계성과 삶의 특성들이 포함되었다. 공동체 의 구성원들은 자유 가운데서 풍성해졌고 성장해 나갔다. 키프리안 은 이교도였을 때는 누릴 수 없었던 자유였지만, 이제 그리스도 안 에서 가능해졌음을 믿었다. 『퀴리누스에게』의 목적은 키프리안의 다른 저술에서와 마찬가지로, 그리스도인으로 변화되고, 회심한 사 람을 위한 지침을 제공하는 것이었다. 적어도 이론적으로 세상은 분 명한 의도와 명백한 우선순위로 이루어져 있었다. "어떤 것도 하나 님과 그리스도의 사랑보다 우선시해서는 안 됩니다."3.18 시몬 델레 아니Simone Deléani가 주장했듯이 "그리스도를 따르는 것"이 키프리안의 영성의 핵심이었다.1979:13-15 『퀴리누스에게』와 마찬가지로 교훈 39항은 카르타고 그리스도인들의 공동생활common life에 대한 결속력을 제공해 준다. "우리에게는 그리스도 안에서의 삶의 모본이 주어져 있습니다."

물론, 카르타고의 상황은 아마도 전형적인 형태는 아니었을지도 모른다. 만약 우리가 다른 3세기 기독교 공동체에 관한 비교 가능한 기록들을 가지고 있다면 좋으련만! 그러나 다양한 장소에서, 다양한 지역의 억양으로 신앙문답 교사들은 그들의 예비자들에게 변화로의 초대를 이야기했을 것이다. 사람들이 여전히 법의 영역 밖이었던, 그리고 종종 경계가 분명했으며 대항문화적countercultural이었던 기독교 세계에 들어갔을 때, 회심은 신념, 소속과 행동 영역에 있어서의 변화의 여정에 참여하는 것이었다. 다음 장에서 우리는 어떻게 이 변화change 자체가 어떻게 변질되었는지changed를 살펴볼 것이다.

1) 사용된 판본들: ANF 3에 수록된 터툴리안, 『침례에 관하여』; Cuming(1987)의 책에 수록된 『사도전승』; 키프리안과 폰티우스, in ANF 5; 오리겐, in ANF 4, 『켈수스에 대한 반박』(Chadwick, 1953), 『여호수아서 설교』(Joubert 1960)와 『누가복음 설교』(Périchon, 1962)는 제외; Stevenson (1987)의 책에 수록된 아리스티데스, 『변증서』; Richardson(1970)의 책에 수록된 아테나고라스; ANF 6에 수록된 *Gregory of Pontus*(Thaumaturgus); Laeuchli(1972)에 수록된 『엘비라의 규범들』(*Canons of Elvira*).

2) 혹자는 이 "문서"에 사용된 인용부호에 놀랄 것이다. 왜냐하면 엄밀히 말하면 그것은 존재하지 않기 때문이다. 이것은 20세기 초 학자들이 혼합해 하나의 문서로 "재구성"하고는 로마의 히폴리투스의 것으로 만든, 다양한 언어로 번역된 이루어진 자료집이다(필자는 Dix 1968; Cuming 1987을 사용하였다). 전문가들은 이것이 지나치게 단순화된 해결책이라고 판단하고 보다 양질의 본문을 설정하고, 개연성 있는 저술 시기와 저자가 누구인지를 밝히려고 연구 중에 있다. 그들의 연구 결과가 나올 때까지 회심 연구를 위해서 우리는 로마 자료집을 의존할 것이지만, 아랍어, 에디오피아어, 사히딕(콥틱어)로 번역된 북아프리카 문서도 병행하였다.

3) 3단계 과정에서 신앙문답 내용에 대한 암시는 『사도전승』 21에 나타나 있다. "당신들은 이미 육체의 부활에 대해 배웠습니다…"

5) 4세기에 수많은 신앙문답 교사들은 침례 이후 교육에 대해 상당한 연구를 진척시켰는데, 예배학자들은 이 연구를 회심 과정의 4단계인 "신비입문식" (mystagogy)이라는 이름을 붙였다.

5) 예를 들어, 저스틴, 『트리포와의 대화』109, 『변증서』39; 이레니우스, 『이단 논박』 4.34.4;

6) 터툴리안, 『마르시온 논박』3.21, 『유대인들에 대한 대답』; 오리겐, 『켈수스에 대한 반박』5.33; 『사도계율』6.5; Firmilian, 키프리안에게 보낸 편지(키프리안, 『편지』 74[75].1); Lactantius, 『신학체계』(4.17; 아타나시우스, 『성육신에 관하여』52. 터툴리안, 『인내론』6; 알렉산드리아의 클레멘트, 『권고』10; 오리겐, 『켈수스에 대한 반박』3.8; 『사도계율』6.23.

4장. 콘스탄티누스, 유혹을 확대하다.

황제의 지연된 회심

4세기 중에 그리스도인은 또 다른 유리한 고지 위에서 세상을 보게 되었다. 4세기 초엽, 교회는 제국 전역에 일어난 체계적이고 광범위한 박해에 직면하고 있었다. 박해는 지역에 따라 차이가 있었다. 박해는 동방에서 가장 심각했다. 그러나 교회 공동체들은 저마다 자신들이 서있는 위치에서 그것을 직면하거나 혹은 잠재적인 위험을 느끼고 있었다. 그러다가 312년 10월, 황제의 지위를 주장하던 콘스탄티누스가 로마의 변두리에서 발생한 전투에서 그의 정적 막센티우스를 물리치면서 이 위험은 종지부를 찍었다. 전투가 있었던 전날 밤, 콘스탄티누스가 병사들의 방패에 "천국의 상징"인 십자가를 그려 넣으라고 명령한 환상에 대한 기록이 있다.[1] 그리고 그 다음 날 그의 군단은 승리를 거뒀다. 그리고 수도와 서로마 제국은 콘스탄티누스의 지배를 받게 되었다. 은혜에 대한 보답으로, 콘스탄티누스는 "자신이 보았던 환상의 상징이 의도하는 바와 하나님이 누구신지”를 묻기 위해 기독교 사제들을 불렀다. 유세비우스, 『콘스탄티누스의 생애』[VC] 1.32 기독교 사제들의 가르침에 대한 콘스탄티누스의 반응은 긍정적이었다. 그래서 그는 사제들을 측근에 있도록 허락했다. 313년의 밀라노 칙령에서 콘스탄티누스는 기독교를 합법화했고, 제국의 권력기관들이 몰수했던 기독교의 재산을 복권 시켰으며, 기독교에도 다른 종교들과 동등한 특권적인 지위를 부여했다.[2]

콘스탄티누스는 이 경험을 통해 그리스도인이 되었을까? 일반적으로 역사학자들은 콘스탄티누스가 "312년 회심" 했다고 말한다. 예, Barnes 1985 하지만 어떤 역사학자들은 콘스탄티누스가 그리스도인이 되었다고 생각하는 것에 조소를 금치 못한다. Burckhardt 1956; Kee 1982 만약 우리가 초기 기독교 회심에 대한 토론을 기억하고 있다면, 콘스탄티누스가 자신과 교회의 성직자들 앞에서 했던 회심은 진실한 것이었을지도 모른다. 그러나 이 회심은 그의 통치기간 초기가 아니라 말년에 이루어졌다. 콘스탄티누스의 회심은 "심리적인 확신의 순간"이 아니었다. Barnes 1981:43 오히려 그의 인생 말년에 이르러서야 교회의 전통에 의해 정해진 변화의 여정에 복종했다.

우리가 살펴본 것처럼, 기독교로의 회심은 개인의 믿음, 소속, 행동의 변화를 포함하며, 그 과정에서 강력한 종교적 경험이 있을 수도 있었다. 콘스탄티누스의 믿음에 관한 한, 312년의 결정적인 전투 직후에 그는 기독교 믿음의 기본 원리를 "배웠다." 그러나 분명한 사실은 콘스탄티누스가 신앙문답을 받지 않기로 결정했다는 사실이다. 따라서 그의 종교 교육은 체계적이지 않았고, "감동으로 된 저작들의 독서"*는 단속斷續적이었으며, 자기만의 방식self-guided에서 벗어나지 못했다. VC 1.32 우리는 콘스탄티누스가 "황제가 무엇을 읽을지 스스로 결정할 수 없냐?"고 항의하는 모습을 상상할 수 있다. 비록 독학이었지만 콘스탄티누스는 기독교에 대해 박식하게 대화에 참여할 수 있었을 것이다. 325경의 작품으로 추정되는 그의『성도들을 향한 연설』*Oration to the Assembly of Saints*은 그가 유창하게 자신의 믿음을 표현했던 예이다. 그는 주장했다. "우리는 인간적인 가르침의 어떤 도움도 받지 않았습니다."『연설』11, 3) 말년에 이르러서야 콘스탄티누스는 교회에서 믿음에 대한 신앙문답 교육을 받았다.

콘스탄티누스의 공동체로의 소속은 어떠했을까? 이것 또한 아주 느리게 변화하였다. 314년 초에 콘스탄티누스는 주교를 '사랑하는 형제'라고 표현했다. 얼마 후에 그는 그 자신을 "당신들의 동료인 종"으로 표현하며 주교들과 손을 잡았다. Coleman Norton 1966:1,59-61; VC 3.12 그러면서도 콘스탄티누스는 아직은 그가 신자들 그룹에 완전히 속해있지 않다는 사실도 알고 있었다.『연설』에서 기독교 입교자들과 자신을 비교하면서 자신을 외부자outsider로 대비시켰다. 그의 언어는 방어적이었다. 이것은 그리 놀랄 일이 아니다. 그는 신앙 문답자가 아니었기에 침례 받은 그리스도인에게 할 말이 없었으며, 나아가 교회 예배에도 참석할 수도 없었다. 일요일마다 그는 신자들을 위한 주의 만찬에 참여하지 않았다. 대신에 그는 궁전에서 그의 "하나님과 고독한 대화"에 참여했다. VC 4.22 콘스탄티누스는 그리스도

---

* 성경을 뜻한다.

인들 속에 완전히 소속되지 않은 것이 분명했다.

행동에 관해서는, 신앙문답 교사들이 예비자들에게 일반적으로 전해주었던 가르침에 대해 콘스탄티누스는 어떻게 반응했을까? 콘스탄티누스는 물론 황제였고, 과거 황제들처럼 행동했다. 간혹 가다 기독교적 감성을 따라 통치하기도 했다. "천상의 아름다움을 새겨주는 것"이라며 유죄선고를 받은 범인들의 얼굴에 낙인을 찍던 형벌을 불법화 한 것이 그 한 예라 할 수 있다. Pharr 1952;『테오도시아누스 법전』[CT] 9.40.2 그렇다고 콘스탄티누스가 양심적인 사람이었다고는 말할 수 없다. 통치 말년에 이르기까지 그의 고문 사용은 뚜렷하게 증가했고, 사형 횟수는 6백 건을 넘어섰다. MacMullen 1990:213 게다가 콘스탄티누스는 특정 사건에 대해서는 잔인하게 대응했다. 325년, 그의 아들과 아내를 죽이라는 명령을 내리기 한 해 전, 콘스탄티누스는『연설』에서 다음과 같이 항변했다. "손으로 섬기는 거룩한 예배는 하나님을 향한 순수하고 진실한 신앙에서 기원했음을 모든 사람들은 알고 있습니다." 콘스탄티누스의 행동을 교회의 가르침과 전통에 비추어 본다면, 혹자는 놀랄지도 모른다.

왜 콘스탄티누스는 당시 일반적인 방식처럼 초기 단계에서 그리스도인이 되는 것을 꺼려하였을까? 우리는 콘스탄티누스가 "머뭇거리는 두 마음을 품은 자"였다는 사실을 이 책을 통하여 알고 있다.VC 4.62 그리고 그가 그렇게 행동했던 이유를 파악하는 것은 어렵지 않다. 한편으론 콘스탄티누스는 기독교 신념에 대한 확실하고도 진지한 관심이 있었다. 콘스탄티누스는 전투에서의 승리를 통해, 승리의 원인을 정당화하기 위해 하나님께 감사를 표현했다. 그의 군사들을 위해 작성한 기도문을 보면 하나님께 감사를 돌리고 있다. "당신 덕분에 우리가 승리를 얻었습니다. 당신 덕분에 우리는 우리의 대적들보다 더 강해졌습니다."Coleman-Norton 1966;1.88 그리고 콘스탄티누스는 가능한 한 자신이 얻은 승리에 대해서 하나님께 예배드리기를 원했다. 그러나 회심은 이러한 변화를 설명하는 예식ritual뿐만 아니라, 변화 자체를 수반해야 한다는 초기 그리스도인들의 요구는 어떠한 황제도 주저하게 만들었을 것이다. 콘스탄티누스 같이 지적으로 독립적인 황제는 정통 신앙으로 교육받는 것을 용납할 수 있었을지도 모른다. 그러나 행동에 대한 기독교적 개념들은 용납하기는 쉽지 않았다. 예를 들어, 그리스도인은 자주색을 포함하여 자기를 과시하는 의복을 거부했다. 또한 폭력과 살인도 거부했다. 그렇다면 과연 콘스탄티누스는 가난한 사람들을 돌보고, 아픈 사람들을 방문해야 한다고 가르치는 신앙문답 교사들에게 자신을 지도하고 자신의 삶의 양식을 평가하기를 원했을까? "비밀 집회"disciplina arcani에서 새어 나가 콘스탄티누스의 귀에까지 흘러들어 갔을 기독교 예식들은 그에게 무시무시해 보였을 것이다. 즉 얼굴에 쉬익 소리를 내는 축사의식과 물에 온 몸을 완전히 담그는 침례의식은 두렵게 보였고, 사람을 넘어뜨리는 것이 심지어 생명을 위협하는 것처럼 보였을 것이다.

임종 직전의 회심

이렇듯 그의 통치기간 20년 동안, 콘스탄티누스는 침례를 받지도 않고, 신앙문답 과정을 거치지도 않았으면서도 그리스도인이 될 수 있는 새로운 가능성을 세상에 허락해 주었다. 즉 그는 그리스도인들의 주님Lord께 무릎을 꿇지 않았던 기독교 군주lord였다. 다만 337년에 그가 병들어 다시는 회복할 수 없다는 것을 깨달았을 때, 수용적인 태도로 그리스도인이 되기 위해 성직자들에게 다가갔다.VC 4.61-62.4) 오직 그 때만 콘스탄티누스는 바닥에 "무릎을 꿇고" 자신의 죄를 고백했다. 곧이어 "처음으로" 콘스탄티누스는 안수를 받고 기도 모임에 들어오게 되었다. 이 예식을 통해 인생의 황혼기에 콘스탄티누스는 신앙문답자가 된 것이었다.Batiffol 1913:264 콘스탄티누스의 신앙문답 훈련은 힘들거나 긴 기간이 아니었던 것 같으로 추정된다. 사실 콘스탄티누스의 건강 상태를 고려한다면 그럴 수도 없었을 것이다. 콘스탄티누스는 감독들에게 "그가 오랫동안 목이 말랐고, 하나님 안에서 구원을 받기를… [그리고] 하나님의 백성들 속에 포함되기를 기도해 왔다"는 사실을 알렸다. 더 이상 콘스탄티누스는 혼자 기도하는 것을 원치 않았다. 콘스탄티누스는 공동체에 소속되기를 원했고, "다른 사람들과 기도 모임에서 삶을 나누기를 원했다." 콘스탄티누스는 심지어 기꺼이 자신의 행동을 바꾸기를 원했다. "나는 이제 하나님께 칭찬받을 만한 삶의 규범을 따를 것입니다." 성직자들은 최종적으로 "필수적인 명령들"을 가르쳤고, 그 결과 그들은 콘스탄티누스에게 "규정된 의식"분명히 축사, 침례, 기름부음에 따라 입교식을 진행했다. 생의 마지막에 콘스탄티누스는 이런 식으로 "거듭났고 입교했다." 예식들은 그것들이 의미하는 대로 콘스탄티누스에게 강력한 경험이었다. 콘스탄티누스는 "새로워졌고, 거룩한 빛으로 충만해졌다… 그리고 거룩한 능력이 분명하게 나타나자 소스라치게 놀랐다."

우리는 회심 과정을 통해 어느 정도까지 콘스탄티누스의 신념이 변화되었는지 알지 못한다. 그의 행동은 어떠했을까? 유세비우스는 콘스탄티누스가 "결코 다시는 자주색 의상과 접촉하지 않기로 결심했다"VC 4.62는 사실을 알려준다. 그 후 그의 수명이 그리 길지 않았던 것을 고려해 볼 때, 그것은 아주 힘든 일은 아니었을 것이다.5) 입교 과정 이후 콘스탄티누스는 교회에 소속되었다. 하지만 이 일은 미래의 교회에 불길한 전조가 되었다. 그 후 진행된 오순절 축제 때 "황제는 모든 의식에 참여하게 되었다"4.64는 것을 사실을 유세비우스는 보고하고 있다. 그 이전까지는 침례시의 죄의 고백고해성사은 사람들로 하여금 황제와 갈등을 일으키게 만들었다. 이제 황제 스스로가 모든 가능성을 열어놓고 애매모호한 자세로 고해성사를 받기에 이른다.

교회의 지도자들이 콘스탄티누스에게 모든 과정을 의무적으로 통과하도록 요구한 것은 인상적인 일이다. 그럼에도 불구하고 장기간 콘스탄티누스 황제가 누렸던 권력과 명성을 갖게 된 잠재적 권력자들을 맞이하게 되는 교회 지도자들은 이미 갖가지 방법을 동원해 교회를 후원하고 있었던 황제와 일정 거리를 유지했다. 그리고 마침 내 교회 지도자들이 콘스탄티누스를 받아들였을 때, 그들은 콘스탄 티누스가 충분히 검증된 교회의 회심 과정을 거쳐야 한다는 조건을 내걸었다. 우리는 콘스탄티누스가 받은 침례 이후의 교육신비입문식, mystagogy이 무엇이었는지 알 수 없다. 그러나 이와 별개로, 콘스탄티 누스의 회심의 여정이 비록 아주 급하게 이루어지고 단축된 것임에 도 불구하고, 요구된 모든 단계를 거쳤다는 것은 놀라운 일이다. 또 한 여기서 주목해야 할 것은 콘스탄티누스의 지연된 회심은 유아세 례가 일반적으로 행해질 때까지 흔한 일이 된, 결단을 못 내리고 주 저dither하다가 임종 직전에 회심침대[kline]에서 행해졌기 때문에 이 침례는 "병상 용"이라고 불렸다하는 행동양식을 만들어 냈다는 사실이다.

확대된 기독교의 유혹: 유인과 강제

황제의 회심은 교회에 영속적인 영향을 미쳤다. 물론 콘스탄티누 스 이전 50년 동안, 그리스도인들에게 많은 변화들이 일어났던 것이 사실이다. 258년, 갈레리우스Galerius의 박해가 끝난 후에 대부분의 그리스도인들에게 이례적인 평화의 시기가 임했다. 일부 지역의 교 회 교인 숫자가 급격하게 증가하기 시작했다. 그리스도인들은 더 이 상 소수자minority로 괴롭힘을 받지 않았고, 지역 사회의 일원으로 인 식되기 시작했다는 증거를 찾아볼 수 있다. Mitchell 1933; Lepelley 1984 지 역 귀족정치의 구성원들인 십부장decurion을 포함해 부유한 사람들이 교회에서 직분을 맡았다.Wishmeyer 1992 이렇게 새로운 부류의 사람들이 보여준 회심은 어떠했을까? 상上 이집트 트모우이스의 필레아스 Phileas of Thmouis라는 사람의 심문관은 다음과 같이 말했다. 그는 상당한 부를 소유한 사람으로 "당신은 당신 자신뿐만 아니라 도시 전체를 먹이고 돌볼 수 있을 정도입니다"라고 말했다. 그러나 필레아스는 단호할 정도로 비순응주의자로 머물러 있었다. 심지어 극심한 압력에 직면했을 때에도 필레아스는 맹세를 거부했다. "우리에게는 맹세하는 것이 허락되지 않았습니다. 왜냐하면 하나님의 성경말씀에 '예는 예, 아니오는 아니오만 하라'고 선언하고 있기 때문입니다." 그리고 그는 기회가 있을 때마다 박해자들에게 예수의 가르침과 사역을 알리고자 노력했다.『필레아스 행전』5, 11 필레아스는 불굴의 신념 때문에 순교를 당했다. 필레아스는 어쩌면 이례적인 인물이었을지도 모른다. 사람들은 새로운 그리스도인들의 출현이 어떻게 교회를 변화시키기 시작했는지, 급증하는 새신자들로 인해 교회가 정한 회심의 여정이 어떻게 변질되기 시작했는지 궁금증을 자아낸다.

콘스탄티누스의 승리 후에 이와 같은 현상이 보다 공개적으로 표명되었다. 360년대의 짧은 기간을 제외하고 황제들은 기독교적인 취향을 가진 자들이었다. 그들 중 몇 사람은 콘스탄티누스와 마찬가지로 어떠한 형태의 종교적인 강요에 관여하지 않기로 결정했다. 320년대에 그는 다음과 같은 사실을 목격했다. "어떤 이들은 영생을 위해 자발적으로 갈등요인을 감내했지만, 다른 사람들은 처벌이 두려워 억지로 그렇게 했다."VC 2.60

그럼에도 불구하고 4세기가 되면서, 콘스탄티누스와 그의 후계자들은 기독교로의 회심을 위한 강력한 유인책을 제시했다. 4세기 말에 이르러 전형적인 억압허버트 버터필드 경⟨1949:135⟩은 이것을 "유인과 강제"로 불렀다이 상당 수준까지 발전했고, 이것이 교회가 급속도로 성장하는데 기여했다. 유인책들은 훨씬 광범위했다. 이러한 유인책은 아주 힘든 공적 의무들로부터 면제해 주는 등 제국 차원에서 교회 지도자들에게 혜택을 주었고, 교회에는 부를 가져다주었으며, 기독교 신앙을 가진 공무원들에게 승진을 보장했고, 황제가 믿는 종교를 고수함으로 사회적 명망을 보장받게 되었다. 강제력은 이보다 느리게 발전했다. 강제의 흔적은 340년대 초반부터 발견된다. 황제는 칙령을 내려 이교도 예배는 곧 사회의 행위규범에 대한 잠을 수 없는 일탈이라는 의미의 "미신"이라는 단어를 적용했는데, 이것은 그 이전까지 그리스도인들에게 적용되었던 것이었다. 380년 기독교 관리들은 공적 예배에서 "이교도적인" 기독교 모임들을 금지시켰다. 392년 그들은 계속해서 이교주의를 고집하는 사람들에게 공적 예배의 참여를 불법화했다.CT 16.10.2; 16.1.2; Constitutiones Sirmondianae [CS] 12 이교도로 알려지면 제국의 기득권층에서 일자리를 얻는 것이 점차 어렵게 되었다. 416년 황제는 칙령을 내려 오직 기독교 신앙을 고백하는 자만이 제국의 군인과 공무원이 될 수 있도록 했다. 그리고 529년 유스티아누스는 모든 유아의 세례를 포함하여 회심을 강제화하는 칙령을 내렸다.CT 16.19.21; Codex Iustianus [CI] 1.11.10 물론 이런 강제 수단들을 통해 수많은 사람들이 회심하게 되었다. 어거스틴은 히포

Hippo에서 많은 사람들"분파주의자들"schismatics이 분명하다이 "제국법에 대한 두려움 때문에 가톨릭"으로 전향했다고 보고했다.Ep 93 유스티아누스 때까지는 아직 이교도를 교회에 참여시키기 위한 어떤 법적인 강제가 없었다. 그러나 오래지 않아 이교도들은 압박을 느꼈다. 특히 지방의 영주들이 종종 백성들에게 새롭게 찾은 종교와 동맹을 맺기를 강요했다. 어거스틴은 언급했다. "오랫동안 그리스도인들은 감히 이교도에게 대응하지 못했다. 이제는 하나님께 감사하게도 이교도로 남아 있는 것은 범죄가 되었다."『시편 주해』34/2.13 암브로조와 어거스틴 두 사람은 초대교회와 같은 기적적인 사건들은 거의 일어나지 않았다고 보고한다.Ambrose, De Sacramentis 2.15; Augustine, Sermon 88.3 그리스도인들이 완전히 통제권을 장악했기 때문에, 콘스탄티누스 이전의 그리스도인들은 그들 운동의 정당성으로서 지적했던 하나님의 권능이 거의 불필요하게 되었다.6)

신앙문답과정의 변화

이러한 변화들은 회심의 특성을 변질시킬 수밖에 없었다. 일부 교회에서 이러한 변질이 서서히 진행되었던 것처럼 보인다.『히폴리투스 규범』과『테스타멘툼 도미니』로 대표되는 이집트와 소아시아 공동체들의 예전에는 여전히『사도전승』의 예전들과 보조를 맞추어 신앙문답, 행동의 정밀심사와 침례가 포함되어 있었다. 380년대 시리아에서『사도헌장』*을 따르는 공동체는 여전히 전통적인 형태로 기능적인 신앙문답과정을 실시했다. 이 공동체는 아마도 "부지런하고 자신의 일에 열심을 가진" 예비자들을 제외하고는 3년 동안의 입교과정을 지속해 왔을 것이다.8.32

그러나 신앙문답 과정의 변화로 인해, 많은 곳에서 변질이 급속도로 일어났다. 4세기 어느 시점에서, 그토록 어려웠던 신앙문답 과정 입학이 관례화 되었다. 상上이집트에서 지금까지 보존된 파피루스 형태의 편지에는 어떤 사람에게 신앙문답 과정에 입학하도록 추천하고 있는데, 예비자의 이름에는 빈칸으로 되어 있었다.Judge 1977:81 모든 예비자들이 동일하다! 어거스틴은 어린아이였던 그가 어떻게 예비자가 되었는지 기록했다. 부모가 그리스도인이었기 때문에, 어린 나이의 어거스틴을 사제에게 데려가자 사제는 그에게 소금을 뿌리는 축사의식과 성호를 그었다. 아마도 사제는 안수도 했을 것이다. 그렇게 하여 어거스틴은 이제 신앙문답자가 되었다. 그리고 다른 신앙문답자들과 마찬가지로 그는 "이미 신자가 된 것이었다."『고백록』1.11.17 어거스틴과 다른 신앙문답자들은 이제 그들의 입교 여정의 2단계에 진입했다. 왜냐하면 어거스틴 자신에게 1단계인 복음전도는 실제로 매우 짧았기 때문이다 콘스탄티누스 이전과 마찬가지로 비록 그들이 기도와 성찬 전에 모임의 자리를 떠나야 했지만, 그들은 이제 일요 성경 읽기와 설교에 참여할 수 있게 되었다. 그러나 이러한 신앙문답자 그룹의 크기는 1세기 전보다 훨씬 커진 반면, 훈련의 양과 질

---

*350~380년경에 초대 교회의 법과 전례 규정을 8권으로 집대성한 전집.

은 대폭 축소되었다. 한마디로 신앙문답이 축소된 것이다.

많은 신앙문답자들에게 2단계는 오랜 시간 동안 특별한 목적 없이 떼를 지어 서성거리던 기간, 즉 편의대로 교회에 참석하고, 듣고 싶은 것만 취사선택해서 듣고, 원하는 대로 행동하던 때보다 여정이 대폭 단축되었다. 그들에게는 회심의 여정을 지속하려면 강한 의지가 필요했다. 먼저 "자신들의 명단을 제출해야" 했다. 그리고 침례를 위한 교육에 적극적으로 참여해야만 했다. 만약 신앙문답자들이 그런 자세로 참석하면 3단계로 진입할 수 있는 자격이 주어졌다. 이 구성원들은 침례 유자격자competentes, 선택된 자electi, 조명받은 자photizomenoi 등으로 다양하게 불렸다. 3단계에 진입한 신앙문답자들은 이 기간 동안 매일 훈련을 받아야 했다. 3단계는 알렉산드리아와 레오Leo가 거주하던 로마에서 40일 동안 지속되었다. 크리소스톰이 있던 안디옥에서는 30일 동안 지속되었다. 시릴Cyril이 있던 예루살렘은 이 기간을 "8주간의 사순절"로 채웠다.7) 이 기간에 대부분의 예비자들이 실질적으로 교육을 받게 된 기간은 콘스탄티누스 이전과 비교하면 굉장히 짧았다. 신앙문답 교육 기간이 짧았기에 배우는 것도 당연히 적어질 수밖에 없었다. 예비자들의 신앙발전을 지도하는 시간도 줄어들었고, 후원자들이 제공하는 격려와 모델링도 줄었다. 3단계는 3세기 때와 마찬가지로, 부활절 전야에 행해진 침례식에서 절정에 달했다.

말은 속일 수 있다. 4세기 대부분 신앙문답자들은 가장 일반적인 의미에서 본인들이 원하는 경우 설교를 들으러 가는 것 외에는 경우를 제외한다면 신앙문답교육을 제대로 받지 않았다. 그들은 대규모의 침례를 받지 않은 불특정 "그리스도인들"로, 주저하고, 우물쭈물 망설이면서, 혹독한 회심 과정에 복종할 시간을 지연시켰던 것이다. 콘스탄티누스처럼 어떤 사람들은 죽음의 문턱에 이르러서야 "병상적인 침례"clinical baptism를 받았다.

이렇게 결단력이 부족한 사람들을 설득하기 위해서, 목회자들과 신학자들은 위협과 간청의 내용을 담고 있는 특별한 장르의 설교를 개발했다. '미루지 마시오.' 소아시아 나지안주스Nazianzus의 그레고리*는 간청했다. "혀가 말을 더듬거나 마르지 않았을 때 … 그대에게 침례를 베풀려는 사람과 그대의 돈을 원하는 사람 사이에서 싸움이 시작되기 전에" 침례 후보자로 이름을 올리시오. 그레고리는 청중들의 주저하는 모습과 그들의 침례를 지연시키는 변명꺼리들을 소개했다. 이것은 일정 부분 정확하고 한편으로는 진부한 회심에 대한 대중들의 이해에 대해 흥미로운 관점을 제공한다. 개종자들은 사회문제의 "비리"stain와 연루되지 말아야 한다. 그들은 "삶의 쾌락"으로부터 단절되어야 한다. 주교에 의해 침례를 받든지, 혹은 "가난한 사람과 함께 하는 것"을 그만두든지, 어떤 상태에 머물지를 고민해야 했다. 그들은 "마술적인 축사의식 …[그리고] 그 기간"에 대한 그

---

* 나지안주스의 그레고리(329년~389년)는 콘스탄티노플의 대주교로, 젊은 시절 헬라철학에 심취했다가 훗날 예수는 성부의 피조물로서 침례시 성부의 양자로 입양되어 하나님과 인간의 중개자 역할을 했다고 가르치던 아리안주의에 대항해 삼위일체 교리를 변호했던 인물이다. 아리안주의는 니케아 종교회의(325년)에서 이단으로 규정되었다가 후에 이 사상이 다시 기승하자 나지안주스의 그레고리는 콘스탄티노플 종교회의(381년)에서 이 문제에 종지부를 찍었다.

들의 두려움을 극복해야 한다. 기꺼이 개종하고자 하는 사람들에게 그레고리는 자신을 "영혼의 감독"으로 제시했다『연설』40.8) 그레고리의 초청에 동의하는 사람들은 그 후 점점 높아가는 엄숙성과 과장된 어조를 지닌 입교 예식을 받아야 했다. 4세기 작가들은 "놀랍고도" "머리칼이 쭈뼛 서는" 상태에 대해 자세히 설명하고 있다. 야놀드E. J. Yarnold가 의아해 하는 것처럼, 이 예식들은 점점 더 이교도 신비 예식들에 빚진 것이었을까?1971:55-62 브래드쇼Paul Bradshaw가 추정했듯이 그 예식들은 예비자들이 입교를 위해 홍수처럼 밀려들 때 "예비자들의 회심을 촉발시키려는 바램에서 강력한 정서적, 심리적인 감동을 생산해 내는 수단으로 구상된 것일까?Bradshaw, 2001

개종의 동기가 무엇이었던지 간에 4세기 후반부에 교회는 기독교 역사의 새로운 시대로 접어들었다. 기독교는 황실에 의해 신임 받은 종교가 되었다. 그리고 그리스도인의 숫자나 사회에서의 지위는 급속도로 변화되기 시작했다. 교회의 회원권은 이제 새로운 방식의 매력으로 다가왔다. 그리고 회원권은 기독교적인 영향력을 발휘할 새로운 기회들을 보유하고 있었다. 몇몇 그리스도인들은 새로운 규범에 공개적으로 주저함을 표현했지만, 그것은 극소수에 불과했다.9) 크리스텐덤, 즉 신념, 소속, 행동에 대한 공통의 이해와 공통의 광범위한 종교적 경험 형태를 가진 기독교 문명이 동터오기 시작했다. 그리고 앞으로 보겠지만, 황제의 회심의 결과로 회심의 의미 자체가 변질될 것이다.

1) 312년 콘스탄티누스의 환상에 대해서는 두 가지 이야기가 있다. 필자는 락탄티우스의 De Mort Pers 44.4-6에 의존했다. 하지만 보다 후대에 보다 정교하게 쓰인 유세비우스의 『콘스탄티누스의 생애』(VC) 1.29-31도 참조하라.

2) 사용된 판본들: ANF 7에서는 락탄티우스; 니케아와 후기 니케아 교부(NPNF)에서 유세비우스의 『콘스탄티누스의 생애』, 2d ser, 1(VC 4.61-64 제외, 이 부분은 야놀드 1993:95-96을 사용했다); 맥뮬란과 레인, 1992에서 『필리아스 행전』; 『사도헌장』은 Donaldson 편저(1886); 어거스틴의 『고백록』은 Chadwick(1991); 나지아누스의 그레고리의 『연설』은 NPNF, 2d ser., 7에서.

3) 『연설』의 저작 시기에 관해서는 Lane Fox 1986:643을 참조하라.

4) 필자는 E.J. Yarnold 1993:95-96의 번역을 사용하였고, 이 사건에 대한 그의 해석에 대체로 동의한다.

5) 콘스탄티누스 사후 자주색은 제국의 상징으로 재천명되었다. 콘스탄티누스의 장식함은 자주색 천으로 장식되어 있었고, 이후의 황제들은 자주색 옷을 입었다. 중요한 것은, 오래지 않아 자주색은 고위 성직자들의 정장으로 채택되었다(유세비우스, VC 4.66; Reinold 1970:62, 68, 130)

6) 국경의 선교사들의 상황에 있어서 기적은 계속해서 일어났었던 것으로 보인다. 예를 들어, 가울 지방을 여행하던 마틴(Martin)의 사역을 보라(Sulpicius Severus, Dial 2.5).

7) Talley 1991:203f; John Chrysostom, Baptismal Instructions 9.29; Leo the Great, *Sermons*, 58.1; Egeria, Travels 46.1.

8) 신앙문답 공부와 침례에 대해 신앙문답자들에게 표명한 또다른 의견을 보려면 Ambrose, *De Elia et Ieiunio*; *Augustine*, *Sermon* 40.5; Caesarius of Arles, Sermons 200을 참조하라.

9) 이것은 Hilary of Poitiers 같은 감독이나 Eustathius of Sebaste와 같은 금욕주의 지도자를 포함할 수 있다. Klauser 1962; *Rousseau* 1994:74-75를 참조하라.

5장. 대중적인 신앙문답교육: 시릴*과 크리소스톰**

4세기에 들어서자, 신앙문답교육은 이전과 달리 새롭고도 대중

---

* 알렉산드리아의 시릴(키릴로스: 375년경~444년)은 알렉산드리아 대주교로 에베소 종교 회의(431년)에서 네스토리우스의 주장에 반박하고 그를 파문한 것으로 유명하다. 시릴은 배교자들을 교회에 받아주어서는 안 된다는 강경론자 노바티안파와 유대인에 대한 폭력적인 공격에 앞장섰다. 특히 당시 알렉산드리아의 여성 철학자이자 수학자인 히파티아의 죽음에 시릴이 관여한 것으로 보인다. 그는 유서 깊은 알렉산드리아의 대주교구가 새로 부상하는 콘스탄티노플의 대주교구보다 더 우월한 지위를 가져야 한다고 주장하던 중, 네스토리우스가 콘스탄티노플 대주교직에 오르자 그와의 헤게모니 다툼이 교리 논쟁으로 이어졌다. 네스토리우스는 예수는 신의 위격과 인간의 위격을 지니고 있다(단성론)고 주장하며, 따라서 마리아의 호칭을 '크리스토 토코스'(그리스도의 어머니)로 불러야 한다고 주장하였다. 이에 시릴은 한 위격 안에 신성과 인성이 통일되어 있다고 주장(단성설)하며, 마리아를 '테오 토코스'(하나님의 어머니)라고 불러야 한다고 주장했다. 이 문제를 해결하기 위해 소집된 에베소 종교회의(431년)에서 시릴은 온갖 방법을 동원해 네스토리우스를 이단으로 정죄하여 리비아로 쫓아냈다. 네스토리우스는 중국에서 '경교'라고 불리게 되었다.

** 요한 크리소스톰(349~407년)은 초기 기독교의 교부이자 제37대 콘스탄티노플 대주교였다. 뛰어난 설교자였기에 '황금의 입'이란 뜻의 '크리소스톰'이란 별명이 붙었다. 동로마 황제 아르카디우스와 황후 아일리아 에우독시아의 방탕하고 사치스러운 삶을 비판하다가 그들의 공격을 받고 유배지에서 죽음을 맞이했다. 사제 및 수녀들에게 청빈과 독신을 강조하며, 엄격한 삶을 추구하다가 알렉산드리아 대주교이자 시릴의 외삼촌인 데오빌루스와 불화를 겪었다.

적인 성격을 띠게 되었다. 갑자기 신앙문답 대상자가 너무 많아졌기 때문이다. 침례 예비자들이 갈수록 늘어났다. 예를 들어, 390년대 대도시인 안디옥에서는 일 년에 천 명 정도 침례를 주었던 것으로 보인다.Piédagnel 1990:43 교회 지도자들에게는 신앙문답교육이 기독교에 관심 있는 이방인들과 어릴 때부터 교회에 다닌 신앙문답자들을 교육시켜서, 이들을 영적으로 그리고 실천적으로 구비시킴으로써, 이들이 침례식 이후에 진정한 개종자가 되게 할 수 있는 중요한 기회였다. 4세기에는 중요한 신앙문답교사들이 여럿 등장했다. 이들 중에 두 사람, 즉 시릴Cyril과 요한 크리소스톰John Chrysostom에 주목하려고 하는데, 우리는 이들을 통해서 4세기에 존재했던 두 교회, 즉 예루살렘 교회와 안니옥 교회에서 회심이 무엇을 의미했는지 살펴보고자 한다.1)

시릴:이단에 맞서 예루살렘의 회심자들의 신앙을 공고히 만들다

우리의 이야기는 예루살렘에서 시작한다. 348년, 예루살렘에서 장로후에 주교가 됨 시릴은 여러 편의 신앙문답교육 강의를 했다. 그 강의 내용 중 상당수는 관찰 여행자observant traveler 에게리아Egeria*가 시

---

* 에게리아는 4세기경에 살았던 스페인 출신 여성 순례자인데, 수녀였던 것으로 추정한다. 에게리아는 383년에 이집트와 성지를 순례하고 그 경험담을 라틴어로 남기기도 했다. 저자는 에게리아가 383년 예루살렘 성지 순례 때에 시릴의 강의를 들었던 것을 언급하고 있다.

릴의 강의를 감명 깊게 경청했을 때였던 380년대 초반까지도, 그의 강의 레파토리에 수록되어 있었던 것으로 보인다.『여행』45.1–46.6 에게리아가 전하는 바에 의하면, 시릴은 문답자들이 자신들의 명단을 제출하던 2단계에 들어선 사람들 사순절이 시작되던 날 강의를 시작했다. 문답자들이 한 사람씩 순서에 따라서 후견인과 함께 시릴에게 나오면, 시릴은 후견인에게 이런 질문을 했다: "이 사람은 선한 삶을 살고 있습니까? 이 사람은 자기 부모를 공경합니까? 이 사람이 술주정뱅이나 허풍쟁이는 아닙니까?" 이런 질문들은, 문답자가 고용주와 관계는 어떤지, 그의 직업이 우상숭배나 살인과 관련은 없는지를 묻는『사도전승』을 기준으로 보자면 그다지 힘든 일은 아니었던 것으로 보인다. 그러나 에게리아가 전하는 바에 의하면, 이 질문들에 걸려서 되돌아간 예비신자들도 일부 있었다고 한다. 그러나 검증을 통과한 예비자들은 곧장 축사를 받았고, 3단계인 침례준비 집중 교육 과정에 들어갔다. 교육 과정에 참여한 photizomenoi 이들은, 8주에 걸쳐서 매주 평일 아침마다, 시릴의 주위에 모여서 3시간 동안 모임을 가졌는데, 침례 받은 신자들은 누구나 이 모임에 올 수 있었다. 그러나 당연한 것이겠지만, 2단계의 문답자들은 신앙문답교육의 내용을 사전에 전혀 알 수 없었다고 에게리아는 강조했다.

그렇다면 시릴은 무슨 내용을 가르쳤을까? 에게리아는 시릴이 380년대에 가르쳤던 내용을 개략적으로 소개하고 있는데, 이 내용과 시릴이 30년 전에 기록했던 19가지 신앙문답교육 내용이 다소 차이를 보인다. 에게리아는 시릴이 40일 동안 "창세기에서 시작해서 성경 전체를 훑어보면서," 성경의 문자적인 의미와 영적인 의미를 가르쳤으며, 이를 통해서 예비신자들에게 기독교의 전통적인 이야기들을 소개해줌으로써, 예비신자들이 그리스도인이라는 소속감을 구축할 수 있도록 했다고 전한다. 시릴은 6주차와 7주차에는 기독교의 믿음에 대해 집중적으로 교육했다. 시릴은 사도신경의 자구 하나하나를 설명했다. 부활절 주간인 8주차가 시작되면, 예비신자들이 후견인과 함께 한 사람씩 시릴에게 가서 신앙고백문을 암송했다. 이 과정을 통과한 사람들은, 일주일 내내 집중적으로 신앙문답교육을 받고 종교 활동에 참여하게 되는데, 예비신자들이 부활절 철야제徹夜祭, Easter Vigil에서 침례를 받고 처음으로 주의 만찬에 참여하는 것으로 마무리되었다. 새로 침례 받은 신자들은 부활절 다음 주간에 4단계에 들어갔다. 이들은 5일 동안 최종적으로 "신비입문"mystagogical 문답교육을 받았는데, 이때 침례식과 성만찬에 대한 교육을 받았다. 이 과정이 끝난 다음에야 비로소 이들은 그리스도인으로 공동체에 속하게 되었다.

현재 남아있는 시릴의 열아홉 번에 걸친 신앙문답교육 강의안은 시릴의 교육 전략과 우선순위를 알아보는데 도움이 된다. 먼저 시릴은 신앙문답교육 예비 강연Procatechesis에서, "왕의 궁전의 현관에" 들어 선 예비신자들을 환영했다. 물론 이어지는 몇 주간이 예비신자들에게 특별한 시간이 될 것이지만, 이미 그들은 "축복의 향기"를 가진 자들이었다. 그러나 시릴은 이들 예비신자들이 행동에 대한 정밀심사를 통과하기는 했지만, 여전히 그들 중에 복합적인 동기를 가진 자들이 있을 수도 있다는 것을 알고 있었다. 여자의 환심을 사고 싶은 남자도 있을 수 있고, 주인에게 잘 보이고 싶은 노예도 있을 수 있고, 친구를 기쁘게 해주려는 친구도 있을 수 있다. 시릴은 이 모든 경우를 용납했다. 그런 것들이 "낚시 바늘에 매달린 미끼"였기 때문이다.[Procat 1, 5] 이 예비 강연 이후에 본격적인 신앙문답교육이 시작되었다. 만약 시릴이 348년에 성경을 훑어보는 식으로 교육을 했다면, 그의 강연은 남아 있질 않았을 것이다. 현재 남아 있는 시릴의 신앙문답교육 강의의 핵심은 신념에 대한 것이었다. 시릴은 "모든 이단들의 공격에 맞설 수 있도록" 최선의 노력을 기울였고, 그는 4세기 중반 동방에 널리 퍼져있던 교리들에 대해서 그리고 여러 가지 잘못된 선택들의 단점들에 대해서 신중하게 상술했다.[Procat 10; Cat 6.12-36] 그러나 그의 주된 고민은 예비신자들에게 수많은 살아있는 믿음을 제공하는 것이었다. 그래서 시릴은 열 세 차례의 강의를 통해서 사도신경을 한 구절 씩 상세하게 설명했다.

회심: 사소한 것들을 포기하는 것

시릴은 정통 신앙에 대해서만큼은 철저했다. 하지만 시릴은 다섯 차례의 신비입문 강의에서조차도 공동체 소속에 대해서는 거의 아무 말도 하지 않았다.[2] 그는 회심자가 새 가족에 연합했음을 넌지시 암시하고 있었다. 침례의 물은 "너의 무덤인 동시에 너의 어머니이다."[Cat 20.4] 그러나 시릴은 침례를 받게 되는 자가 가져야 할 새로운 정체성의 의미에 대해서 거의 아무런 말도 하지 않는다. 이는 아마도 예루살렘의 상황 탓으로 보인다. 에게리아와 시릴의 글을 보면, 비非그리스도인들로 구성된 비중 있는 지역 공동체에 대한 언급을 거의 찾아 볼 수 없다. 그리고 두 사람은 모두 예루살렘이 예수가 고난 받은 도시 일뿐만 아니라, "콘스탄티누스 황제의 복된 기억"을 기념하는 웅장한 건물들의 도시라는 것을 또렷하게 의식하고 있었다.14.22 이미 4세기 중반에, 예루살렘의 기독교는 소속감이 과정의 문제로만 남은 기성 종교의 분위기를 띠고 있었다.

행동과 관련해서 시릴은 소속감의 경우보다는 훨씬 적극적인 태도를 보였다. 그는 "경건한 교리"에 대해서만이 아니라 "덕스러운 행위"에 대해서도 관심을 보였다.4.2 첫 번째 강의에서 시릴은 너무 많은 변화를 원치 않을 수도 있는 예비신자들에게 솔직하게도 이렇게 말했다: "당신들이 포기한 것들은 사소한 것들입니다."1.5 그러나 시릴은 이어서 그리스도인의 행실이 구별되어야 할 영역들이 있음을 지적한다. 그리스도인은 모름지기 다른 사람을 용서해야 하며, "험담"을 삼가야 하며, 부모를 공경해야 한다는 것이다. 또한 그리스도인은 "사제가 예배에 열심히 참석하라고 요구하는 지금"뿐만 아니라 침례 이후에도 교회에 정기적으로 참석해야 한다"1.6. 키프리안이 보다 검소한 삶을 지지하는 것과는 달리, 시릴은 이에 대해서 아무런 말도 하지 않았다. 마찬가지로, 시릴은 『사도전승』을 따르는 교회의 규칙들과는 달리, 신앙문답교육 강의에서 군복무의 문제에 대해서 언급하지 않았다. 또한 시릴은 마태복음 5장 48절"그러므로 하늘에 계신 너희 아버지의 완전하신 것 같이 너희도 완전하여라"을 인용하기는 했지만, 청중들에게 원수를 사랑하라고 권면하지는 않았다. 시릴은 오로지 하나님의 온전하심을 강조하는 데에만 관심이 있었다.6.8 가난한 사람들을 돌볼 의무에 대해서는 훨씬 많이 언급했다. 예비신자들은 일부 이단들이 하는 것처럼 부를 경멸해서는 안 된다고 말했는데, 왜냐하면 부가 없으면 가난한 자를 먹이라고 하신 예수님의 명령을 따를 수 없기 때문이었다. 또한, 시릴은 "사람은 돈으로 의로워질 수도 있다"고 언급했다.8.6 그러나 가난한 자와 물질을 나누는 것은 다름아닌 영원한 최고의 행복felicity을 위한 조건이다. 유명한 구절인 마태복음 25장 31절 이하"내가 주릴 때에 내게 먹을 것을 주었고…"에 대해서 시릴은 이렇게 말했다: "알레고리로 볼 필요가 없다… 너희가 그렇게 행한다면, 너희는 그와 함께 다스릴 것이나, 너희가 그런 일들을 행하지 않는다면, 너희는 비난을 받게 될 것이다."15.26

새로 침례를 받은 자들이 악한 행동을 할 수도 있다는 것을 시릴은 강조했다. 시릴은 새신자들에게 이렇게 말했다. "주 예수 그리스도께서 당신들 때문에 모욕을 [당할 수도 있습니다]." 시릴은 이런 식으로 선교에 대한 관심을 은연중에 드러냈다. 그러나 그는 입교자들이 새로운 정체성에 충실할 수도 있다는 점을 믿어 의심치 않았다: "당신들은 그리스도인으로 불립니다. 그러니 그 이름에 걸맞은 신중한 삶을 사십시오." 그리스도인으로서, 그들은 "착한 행실을 사람들 앞에 보임으로써" 사람들로 하여금 아버지께 영광을 돌리도록 하는 것이 마땅했다.10.20 그래서 시릴은 신앙문답교육에서 예비신자들의 행동 변화를 강조했다. 하지만 시릴은 예비신자들에게, 오리겐과 다른 초기 저술가들이 공통적으로 교회를 칼을 쳐서 보습으로 만드는 모임으로 소개할 때 사용하던 비전인, 이사야/미가의 비전을 소개하지 않았다. 시릴이 무엇을 우선적으로 내세우고 있는지는 분명하지 않다. 그는 신앙의 순수성을 강조했는데, 최소한 스무번 정도 행동의 변화에 대해서 집중적으로 설명했다. "이단의 무리"에 대한 시릴의 교훈은 행동에 대한 가르침이 대부분 간결했던 것에 비해서 훨씬 실제적이고, 훨씬 "구체적"how-to-do-it이었다.16.4-11 시릴에게 있어서, 무엇보다도 회심은 옳은 것을 믿는 것이었다.

크리소스톰: 선교적 상황에 있던 안디옥에서의 장례과 부활

380년대에 예루살렘에서 북쪽으로 약 160킬로미터 떨어진 안디옥에서, 크리소스톰은 회심에 대한 4세기의 또 다른 접근방법을 보여주었다. 안디옥은 예루살렘과는 달리 기독교 말고도 선택할 수 있는 인기 있는 종교들이 많았다. 유대교와 이방종교가 성행하고 있었고, 이 둘이 모두 정통 기독교의 실제적인 경쟁자였다.Meeks and Wilken 1978 그렇기 때문에 크리소스톰이 회심에 수반되는 갈등과 변화의 첨예한 의미를 시릴보다 더욱 강조한 것은 당연했다. 안디옥의 교회는 주변 문화의 방법과 이해와 적극적으로 맞서야 했던 선교적 상황에 처해 있었다. 크리소스톰은 침례 예비자들에게 이렇게 강조했다. "여러분이 지금까지 해온 모든 것들을 버리십시오. 그리고 여러분

이 과거로부터 단절되었다는 사실을 온 마음을 다해서 입증하십시오."『침례교훈들』1.18

안디옥 교회에서 크리소스톰은 대표적인 신앙문답교사였다. 이 시기에 행한 열두 편의 설교가 남아 있다. 그 중에 일곱 편은 침례받기 전 몇 주간인 세 번째 단계에서 행한 것이고, 다섯 편은 소위 신비입문교육이라고 하는 네 번째 단계에서 새로 침례를 받은 신자들에게 했던 것이다. 침례 예비 교육 기간은 배움의 시간일 뿐만 아니라 영적 씨름의 시간이었다. "마치 레슬링 학교에서 훈련하고 몸을 단련시키는 것과 같았다.9.29 신앙문답자들은 매일 강의를 들으러 와야 했는데, 그 후에 축사자들이 "두렵고도 무서운 말"로, 즉 "무시무시한 주문"을 사용해서 그들의 정신을 정화했다.2.12 매 단계마다 후견인들이 그들과 동행하면서 "그들이 신원을 보증한 이들을 격려하고, 상담하고, 교정"해주었다.2.15 신앙문답자들의 정신이 교화되고 사탄이 지배하던 많은 견고한 진들이 무너질수록, 신앙문답자들은 부활절 철야제에서 있을 절정의 예식을 위해 구비되어 갔다. 크리소스톰은, 당시의 다른 설교자들과는 달리, 침례식을 있는 그대로 그리고 자세하게 설명했다. 예비신자들이 옷을 벗고, 기름부음을 받고, 침례를 받은 후에, 그들의 새 가족이 달려와서 그들을 맞이했다.

성스러운 물에서 올라오자마자 그곳에 있던 모든 사람들이 그들을 포옹하고, 인사하고, 입 맞추고, 그들과 함께 기뻐하며, 그들을 축하해줍니다. 그때까지 노예였고 사로잡혔던 자들이 순식간

에 자유인이자 자녀가 되었고… 놀라운 식탁에 초대되었기 때문입니다.2.27

크리소스톰은 물에서 올라온 신자들이 엄청난 변화를 체험한 "완전히 다른 사람"이라고 분명하게 믿었다.2.25 그는 이 변화를 설명하기 위해서 놀라운 수사적 능력을 한껏 발휘했다: 침례식은 단지 포로 된 자를 자유케 하는 것만이 아니다. 왜냐하면 새 신자들에게 침례는 다름 아닌 "장례이자 부활"이기 때문이었다.2.11 자원함으로써 새로 거듭난 그리스도인들은 하나님과 "포기와 귀속의 계약"a contract of renunciation and attachment이라는 조약을 체결한 것이다.2.17. 이후로 그들은 변화된 삶을 살기 위해 힘썼다.

또 다른 나라 시민들을 위한 엄격한 교리들

크리소스톰은 지금 우리들에게도 익숙한 범주들을 사용해서 안디옥의 신입 그리스도인들의 변화된 삶을 설명했다. 신입 그리스도인들은 정통 신앙, 특히 삼위일체 교리에 집중했다. 신입 그리스도인들은 아리안파Arians*와 사벨리안파Sabellians**의 오류에 주의해야

---

* 아리안주의는 예수는 성부의 피조물로서 침례시 성부의 양자로 입양되어 하나님과 인간의 중개자 역할을 했다고 가르쳤으며 니케아 종교회의(325년)에서 이단으로 규정됐다.
** 사벨리우스주의는 양태론적 단일신론을 주장하는데, 구약에는 성부로, 신약에는 성자, 교회 시대에는 성령으로 하나님이 역사하신다는 가르침이다.

했다. 뿐만 아니라, 신입 그리스도인들은 "교회의 교리들"에 대해서 "엄중한" 태도를 견지해야 했다.1.20-25 그리고 그리스도인들은 자신들이 생각과 행동을 닮고 싶은 믿음의 사람들, 즉 아브라함, 바울, 고넬료 같은 인물들의 이야기를 진지하게 묵상해야 했다. 그러나 크리소스톰은, 최소한 현재 남아 있는 그의 침례 교육에 국한해서 보았을 때, 자기에게 배우는 사람들의 생각 속에 기독교 신앙의 신념들과 이야기들을 이식하는 데에 일차적인 관심을 두었던 것으로 보이지는 않는다. 예루살렘의 시릴과는 달리, 크리소스톰은 교리보다는 선교와 목회에 더 많은 관심을 보였다.

그런 연고로 크리소스톰은 개종한 그리스도인이 경험할 소속의 질적인 수준에 더 많은 관심을 기울였다. 당연한 말이겠지만, 소속이란 예수 그리스도께 속하는 것이었다. 아무리 볼품없고 보잘 것 없는 새신자들이라고 하더라도 신랑되신 그리스도와 "영적인 혼인"에 들어간 것이며, 그리스도를 통해서 그들은 정결케 되고 아름다워질 수 있었다.1.11 소속은 또한 새로운 사회인 교회에 대한 것이기도 했다. 교회는 "영적인 군대"이자 가족이었다. 그 구성원들은 서로에게 형제요 자매였으며 "교회의 시민들"이었다.3.5 크리소스톰은 신앙문답자들에게 "하늘나라 시민"이 된 결과에 대해서 가르치지 않았다.4.29. 때문에 어떤 이들은 도대체 신자들에게 무슨 충격이 있었길래 크리소스톰이 인종과 신분을 대신할 결속을 기대할 수 있었는지 궁금해 한다. 소속의 또 다른 측면, 즉 "우리는 또 다른 나라의 지체들이기 때문에" 신자들이 서로가 서로에게 헌신한다는 것에 대해서 크리소스톰은 분명하게 언급했다. 만약에 어떤 그리스도인들이 "방종"의 희생물이 되었다면, 혹은 "세상이 주는 즐거움"의 덫에 걸렸다면, 신자들은 그들을 훈계하고, 그리스도인의 길로 되돌아오도록 권면함으로써 "형제의 구원을 위해 노력해야 한다"는 것이다.6.15, 18

행동: 새롭고도 다른 삶을 선택하는 것

그러나 그리스도인의 행동이라는 문제에 대해서만큼은 크리소스톰이 특별히 회심자 반에서 강의했다. 회심자들은 "이후로 새롭고도 다른 삶을 살도록 선택된" 사람들이기 때문에, 신입 그리스도인들은 전반적인 변화를 입증해야만 했다.4.24 무의식중에 키프리안의 말을 되뇌고 있는 것이 분명한데, 크리소스톰은 새 신자들에 대해서 이렇게 언급했다.

어제까지만 해도 그리고 이전에 자신의 시간을 사치스럽고 탐식하는 삶으로 세월을 보낸 그가 갑자기 절제와 단순한 삶을 받아들이고 있습니다. … 이전에는 무절제와 소비로 삶의 즐거움을 삼던 그가 갑자기 고난을 감내하며… 절제와 자비의 삶을 추구하고 있습니다.4.13

회심에는 반드시 그 사람의 모든 삶의 영역이 포함되어야 한다고 크리소스톰은 확신했다. 회심은 그들의 악한 습관을 거스르고 제거하게 되어 있으며, 그들에게 새로운 차원의 자유를 제공해준다는 것이다. 저스틴이 2세기 로마에서 지적했던 중독과 충동의 네 가지 영역 중에서『제1변증서』14, 크리소스톰은 다른 어떤 것들보다 몇 가지에 더욱 민감한 반응을 보였다. 크리소스톰은 주술오컬트, 즉 점술, 주문, 마법이 사람들에게 끼치는 영향력에 대해서 많이 우려하고 있었다.12.53 하지만, 이 일련의 설교에서, 여성들의 치장에 대해서 유난히 거부감을 나타낸 것을 빼고는, 크리소스톰은 놀랍게도 정욕의 위험에 대해서는 거의 관심을 보이지 않았다. 그는 "괴상하게 아름다운 얼굴보다 더 역겨운 것은 없다"고 말했다.12.42 부wealth와 관련해서 크리소스톰은 부에 중독될 가능성에 대해서 역설했다. 부는 "부에 열중하는 사람들을 사로잡는 일이 빈번하며 그들이 저항할 수 없는 위험스러운 것들로 그들을 사로잡는다."8.12 크리소스톰은 신입 그리스도인들에게 "절제와 단순함"을 붙잡으라4.13고, 그리고 특히 구제라는 영적인 훈련을 통해서 자유를 찾으라고 권면한다. 그러나 크리소스톰은 교회 안에 어떤 경제적인 재분배의 기구가 있을 수 있는지에 대해서는 교훈하지는 않는다.7.27 적대자들에 대해서는 그들과 화해를 추구해야 한다고 권면한다.1.41 하지만『사도전승』과는 달리, 크리소스톰이 이런 언급을 하고 있을 뿐 그리스도인이 군대에 가거나 살인에 가담하는 문제를 천착하지는 않는다. 크리소스톰은 분명하게 언급했다. "군 복무는 건전하게 살고자 하는 사람을 위한 덕목에 장애물이 되지 않는다."이 말은 초기 전통을 추종하면서 크리소스톰에 반대하는 다른 그리스도인들에 대한 대답이 아니었을까?[Hornus 1980: 161-70] 군인의 진짜 문제는, 시민들의 경우와 마찬가지로, 말과 생활태도의 건전함이라는 것이었다.7.28; 8.17

변화된 행동에 대한 크리소스톰의 열정은 중독이 두드러지게 나타나는 두 가지 영역, 즉 전차경기장hippodrome과 맹세에 대해서 논할 때 강하게 표출된다. 그것은 단지 경기장에서 벌어지는 전차들의 경주와 볼거리들이 주는 매력이 교회 출석을 막는 경쟁 상대였기 때문만은 아니었다. "우리의 회중의 숫자가 감소하고 있습니다"[6.1] 무법적이고 통제되지 않는 볼거리들은 사탄의 허식이 구체화된 것이기 때문이며 12.52, 이것들이 그리스도인의 영혼을 끝없이 유혹하고 타락시키기 때문이었다.

맹세 중독 끊기

전차 경기장의 매혹보다 더 나쁜 것은 맹세하는 습관이었다. "무엇보다도, 당신의 혀를 가르쳐 맹세의 문제에서 깨끗해지십시오"라고 크리소스톰이 말했다.1.42 크리소스톰은 모든 그리스도인들이 자신의 말에 동의하는 것은 아님을 알고 있었다. 하지만 이것은 작은 문제가 아니었다. 크리소스톰은 그리스도인들이 맹세하기를 거절하는 것이 중요하다고 생각했다. "나는 거짓된 맹세뿐만이 아니라 참된 맹세도 하지 않습니다"[9.39] 그래서 그는 열 두 번의 강의 중에서 다섯 번 이상의 강의에서 이 문제에 대해서 언급했다. 왜 이 문제가 그에게 그토록 중요했던 것일까? 크리소스톰은 그리스도인들이, 안디옥에 거주하는 다른 사람들과 마찬가지로, 일상생활 속에서 습관적으로, 그리고 사실상 자동적으로 맹세하는 것을 목격했다.

> 우리가 채소를 사든, 2오볼*을 두고 입씨름을 하든, 화가 나서 종들을 위협하든지, 우리는 항상 하나님을 우리의 증인으로 요청합니다. … 당신이 판매 중인 상품과 돈과 중요한 것들에 대해 말을 할 때, 당신은 하늘의 왕이자 천사들의 주님Lord을 당신의 증인으로 모시는 것입니다.[9.45]

그 이전의 다른 기독교 신학자들과 마찬가지로, 크리소스톰은 이것이 불쾌한 것임을 알게 되었다.[Kreider 1997] 예수께서는 제자들에게 맹세하지 말라고 명령하셨다. "그 분이 명령하셨다면, 우리는 순종해야 하며, 핑계 삼아 [맹세한] 사람을 이용해서도 안 됩니다."[9.41] 크리소스톰에게 있어서 맹세는 "파괴적인 마약이요, 골칫거리이자 위험요소요, 감춰진 상처이자 보이지 않는 아픔이며, 알려지지 않은 궤양"으로서 사람들을 영적인 죽음으로 인도하는 것이었다. 조만간 그들은 어쩔 수 없이 불법적인 것을 맹세할 것이다. 그런 경우 그들은 맹세를 어김위증죄으로써 혹은 불법적인 행동을 함으로써 영적으로 파멸에 이르게 될 것이다.[10.18] 하지만 그리스도인들이 어떻

---

* 오볼(obol)은 고대 그리스 은화로 1오볼은 1/6 드라크마에 해당한다.

게 해야 수많은 사람들이 습관이 되어 버린 맹세하기를 피할 수 있을까? 눈에 띄는 문장에서 크리소스톰은 몸에 밴 습관을 잊어버리기 위한 여섯 단계의 방법을 고안해 냈다. 맹세를 멈추기 위해서 크리소스톰은 자신의 신앙문답 예비자들에게 다른 사람들에게 자신들을 상기시켜야 한다고 강조했다. 습관의 힘에 대해 민감해져야 했다. 의식적인 결정을 내림으로 좋은 습관을 들여야 했다. 사람들이 맹세를 할 때 그들을 훈계했다. 예를 들어 그는 십 일이라는 시간제한을 설정했다. 그렇게 함으로써 그러한 습관을 버릴 수 있다. 마지막으로 정해진 시간 내에 잘못을 고치지 못했을 경우에는 벌금을 냈다.9.42-46 신앙문답자들이 회개를 위한 노력에서 어느 정도 진보를 이루는지 확인하기 위해 다음 설교에서 그 사안을 다루었다. "여러분은 이러한 탐욕스러운 죄로부터 여러분의 혀를 깨끗이 씻으셨습니까?"10.2 만일 신념과 소속감뿐만 아니라 행동이 변화되었다면, 신앙문답자들이 몸에 밴 습관들을 뿌리 뽑았다면, 다른 신앙문답교사들은 크리소스톰이 사용했던 방법을 사용했던 것이 틀림없다. 하지만 이것은 신앙문답교사들이 신앙문답자들의 행동을 바꾸기 위해 체계적으로 실행했던 기술로서 필자가 알고 있는 한 가지 예에 불과하다.

회심에 대한 크리소스톰의 비전은 시릴보다 강력하고 삶을 망라하는 한 차원 높은 것이었다. 그리스도인들은 하나님의 도우심으로 신앙문답교육과 놀라운 예식rite을 통해 공동체 결속과 변화된 행동의 새로운 세계로 진입하게 되는 자유를 얻었다. 하지만, 콘스탄티누스 이전의 기준과 비교해 보면, 회심의 순서에 변화가 있었던 것이 확실하다. 크리소스톰의 가르침은 성경 전체에 걸쳐 광범위하게 뿌리하고 있는 것으로, "족장의 삶…[그리고] 잠언의 교훈"에 근거한 "올바른 행동"을 다룬 밀란의 암브로스의 신앙문답교육보다 훨씬 광범위했다.암브로스,『신비론』1.1 귀감이 되는 역할 모델인 아브라함, 고넬료와 바울의 증언에 호소했던 크리소스톰의 목소리는 암브로스보다 광범위했다.Ferguson, 근간 하지만 놀라운 사실은 크리소스톰이 선생이자 모본으로 예수를 거의 언급하지 않았다는 것이다. 이것은 아마 수도승들의 삶의 양식이 예수께서 보이신 길을 재연하는 것으로, 평범한 그리스도인들에게는 너무 힘든 것이라고 생각했기 때문이었을 것이다.8.3 또한 4세기의 전통적인 작가들이 예수의 모본을 언급하는 것을 꺼려했던 당시의 풍토를 반영하는 것일 수도 있다. 아리안파의 논증에 대한 반응으로 그들은 예수에 대한 호소를 신학적으로 의심스러운 것으로 보았다.Wilken 1995:126–27

또한 크리소스톰의 사회학적 전략은 개별적인 신자들의 삶보다 교회의 공동생활에 보다 관련이 적었다는 것도 주목할 만하다. 이전의 많은 신학자들과 달리 그는 예비자들에게 이사야/미가의 "칼을 쳐서 보습을 만들고"라는 문구를 교회를 정의하는 본문으로 제시하지 않았다.3) 또한 교회가 중독이 없는 사회가 될 가능성에 대해서도 예비자들에게 가르치지 않았다. 다만 하나님의 도우심으로 힘을 얻어 일상의 업무에서 훈련과 맑은 정신을 가지고 살아갈 개별적인 그리스도인의 이상에 대해서는 장황하게 설명하였다. 크리소스톰에게 있어서, 기독교 공동체를 통해서보다는 개인의 삶을 통해 하나님의 빛이 빛나게 된다. 그리스도인 개개인은 다음과 같은 방식으로 살았다. "어떤 이는 자기 손으로 부지런히 일을 하며, 어떤 이는 군사 직업에, 어떤 이는 정부와 관련된 직업에 매진한다." 이것이 내면의 경건과 외적인 훈련을 통해 제국이 기능을 발휘하도록 해준다.8.16-17

---

1) 사용된 판본들: Egeria, Travels, in *Wilkinson*, 1981; Cyril, Catechetical Lectures, in *NPNF*, 2d ser., 7; John Chrysostom, Baptismal Instructions, in Harkins 1963; Ambrose, De Mysteriis, in Srawley 1919.

2) Ferguson은 *Origins of Christendom in the West*(T&T Clark, 2001)에서 다섯 가지 신비 강연이 시릴에 의해 주어진 것인지, 아니면 그의 후계자 요한에 의해 주어진 것인지를 살펴보고 있다.

3) 크리소스톰은 『이사야 2장 2-5절에 관한 주석』에서 이사야 2장/미가서 4장 본문을 다루고 있다.

6장. 반항아 끌어들이기: 어거스틴과 볼루시안

어거스틴의 회심

초기 그리스도인의 회심 중에서 가장 유명한 것은 어거스틴의 회심이었다. 학자들은 어거스틴이 몇 차례나 회심했었는지에 대해서 토론하고, 그의 행적을 영적이고, 심리적이며, 제의적인 차원에서 상세하게 논의한 바 있다. Madec 1986; Geerlings 1987; Finn 1997: 9장 이러한 논의를 더욱 왕성하게 해주기 위해서, 어거스틴은 『고백록』이라고 하는 놀라우리만큼 상세한 저술을 남겼다. 하지만 내가 집중적으로 다루려고 하는 것은 회심자로서의 어거스틴이 아니다. 회심자 어거스틴에 대한 다소간 덜 주목받았던 이야기에 집중하려고 한다. 어거스틴은 북아프리카의 히포에서 396년에서 430년까지 34년 동안 주교로 재직했다. 이 기간 동안에, "정통" 가톨릭은 제국의 종교로서 확고하게 자리 잡았다. 그리고 이를 통해 기독교의 영향력은 모든 도시에 퍼졌다. 어거스틴은 이 기독교화Christianization의 결과를 반추한다. "이 도시에는 심지어 단 한 명의 이교도가 없는 집들이 많고, 반면에 그리스도인이 없는 집은 한 집도 없다."『설교』302.9 이런 변화의 과정에서 어거스틴은 지역에서 활동적인 역할을 감당했다. 그러나 어거스틴은 또한 전체적인 크리스텐덤의 역사에 영향력을 끼쳤다.[1]

어거스틴이 396년에 주교가 되었을 때, 바로 얼마 전에 통과된 제국의 법은 이미 기독교의 확장을 수월하게 만들고 있었다. 처음에는 어거스틴은 강요가 진정한 변화를 가져올 수 있을 지에 대해 의심했다. 그는『고백록』에서 자신이 소년이었을 때 굉장히 즐겁게 라틴어를 배웠다는 것을 회상한다. "나는 라틴어를 배울 때 나에게 강제로 라틴어를 배우게 하는 어떤 징벌의 위협 없이도 라틴어를 배웠다. 나의 마음이 나를 강제했다. … 이 경험은 자유로운 호기심이 엄격한 강제보다 배움을 자극하는 강력한 힘을 지녔다는 진리를 충분히 보여준다."『고백록』1.14.23 그의 초기 작품들은 그가 종교적인 강제에 대해서도 비슷한 관점을 갖고 있었음을 보여준다.『재고록』2.31 그러나 북아프리카는 험악한 세계였다. 주교로서 어거스틴은 종교적인 대적자들, 특히 "분리주의적인" 도나투스파*와 이교도들과의 다툼에 휘말렸었다. 이 분쟁들은 종종 지역에 지배력과 영향력을 행사하는

---

* 콘스탄티누스 황제의 기독교 공인 후 신앙의 자유가 찾아오자 교회 안에는 배교 문제가 대두되었다. 도나투스파는 배교자가 안수한 성례는 무효이기 때문에 그들로부터 침례를 받았다면 다시 받아야 한다고 주장했다. 당시 새로 선출된 주교 캐실리아누스(Caescilianus)는 펠릭스(Felix)가 안수했는데, 디오크레티아누스 황제의 박해 때에 배교했다는 이유로 70명의 주교·사제가 그 안수를 무효로 하고 마요리누스(Majorinus)를 세웠다(312년). 그러자 로마 교회와 콘스탄티누스는 캐실리아누스를 지지하여 로마(313년)와 아를(314년)에서 종교 회의를 열어 도나투스파의 결정을 일축하였다. 그 후 412년 도나투스파는 이단으로 규정된다.

권력 브로커와의 경쟁에 그를 끌어들였다. 그래서 머지않아 어거스 틴은, 북아프리인들과 그들의 공동체를, 자발적으로든 명령과 강제에 의해든, 기독교화 하는 일에 활발하게 참여하게 되었다.

어거스틴은 자신의 역할을 아주 탁월하게 이해했다. 아마도 그는 선임자인 키프리안처럼 "교회 밖에는 구원이 없다"는 인식을 가졌을 것이다. 어거스틴은 자신을 영혼의 구원자로 여겼다. 어거스틴은 가능한 한 포괄적이고 신실한 하나의 교회를 세우는데 집중했다. 신념에 있어서는 정통적이었고, 행동에 있어서는 복종적이었으며, "포괄적 일치"Catholic unity*에 있어서는 보편적인 교회를 세우려 했던 것이었다.『편지』93 이것은 그를 기꺼이 규율에 복종하도록 했다. 그는 잘못된 것은 용납할 수 없다는 확신을 갖고 있었다. 그는 그리스도인들이 이교도의 성전을 파괴하는 행동에 참여하는 것을 바라지 않았다. 파괴 행위와 건물들의 이전은 정당한 절차에 따라 구성된 정부 관료들의 몫으로 내버려두는 게 마땅했다.Lepelley 1979:353 그럼에도 불구하고 힘의 신인 헤라클레스 같은 이교도 신전들은 상징적으로 모욕하고, 훼손하고 "말끔하게 정리" 됐다.McMullen 1997:51 아프리카의 기독교화를 주관한 어거스틴의 자아상은 세심한 외과의사의 모습이었다. "그는 치료를 위해 도려냈다."『시편 주해』34.2.13 그러나 그럼에도 어거스틴은 이교도들의 공적인 권리를 빼앗는 것보다 그들을 그리스도인으로 회심시키는 것이 어렵다는 것을 인식하고 있

---

* 가톨릭 교회를 뜻하는 것으로 이는 모든 것을 아우르는, 통일체적 보편 교회, 혹은 공교회를 의미한다.

있다. "신전을 폐쇄하는 것보다 사람들의 마음을 우상에게서 멀어지게 하는 것이 더 어렵습니다."『편지』232 선교적인 목회자로서 어거스틴은 사람들이 말씀 안에서 완전히 회심하는 것에 지대한 관심을 가졌다.

그리스도인의 행동의 매력과 혐오감

그렇다면 기독교는 이교도들에게 어느 정도나 매력적이었을까? 우리가 앞으로 살펴볼 것처럼 어거스틴은 존경할만하고, 목회적으로 민감할 뿐 아니라 개인적인 책임감을 가지고 이교도 귀족들과 관계를 맺었다. 그러나 그의 공적인 역할을 수행할 때, 낭연히 어서스틴은 직접적으로 이교도들에게 호소할 수 없었다. 기독교 전통을 준수해야 했기 때문에, 이교도들은 어거스틴의 설교를 듣기 위해 그리스도인의 모임에 참석하는 것이 용인되지 않았다.2) 그래서 복음전도witness는 간접적으로 이루어져야만 했다. 어거스틴은 유인책과 강제력이 사람들을 교회로 끌어들인다는 현실적인 인식을 갖고 있었다. 사람들이 교회에 처음 접근하게 되는 이유는 "다른 수단으로는 기쁘게 할 수 없는 사람들로부터 이익을 얻기 위해서이거나 그가 두려워하는 불쾌감이나 적의를 가진 사람들에 의해 가해지는 손상을 피하기 위해서이다."『첫 번째 신앙문답교육』5.9 3) 유력자들potentiores 지주들, 지역 유력인사들의 역할은 그들의 식솔들을 회심시키는데 유용했을 것이다. "만약 그와 같은 지배층이 그리스도인이 된다면, 어느 누구도 이교도로 남아 있을 수가 없을 것이다."『시편 주해』54.13 교회의 전통이 된 그리스도인의 가난 구제는 또한 이교도들이 교회의 구성원이 되고자 알아보도록 유도했을 것이다. Van der Meer 1961:30

이교도들을 신앙으로 이끄는 최선의 방법은 그리스도인의 전통에 깊이 새겨져 있었다. 그것은 다름 아닌 그리스도인의 매혹적인 삶이었다. "그리스도는 그리스도인들을 통해 전파된다." Tract in Ev Ioan 15.33 그러나 이런 접근 방식은 초기만큼 통하지 않았다. 미누키우스 펠릭스 Minucius Felix가 그리스도인들의 삶을 기독교 진리를 증거하는 방식으로 사용했던 반면에『옥타비우스』38.6 이제 이교도들은 그리스도인의 행동을 기독교의 사기행위 fraudulence의 증거라고 지적했다. 어거스틴은 이러한 사실을 깨달았다. 그는 많은 그리스도인들이 이교도들에게 혐오감을 주는 삶을 살고 있다는 사실을 알았다. 그래서 그는 그리스도인들이 이교도들을 잘 대하도록 열심히 권했다. "당신들 그리스도인들이 … 이교도들을 발가벗긴다면, 그러한 행위는 이교도가 그리스도인이 되는 것을 막는 것이다."『설교』179.4 어거스틴은 이교도들이 그리스도인들을 보고 콧방귀를 뀌는 것을 보았다. "당신은 나를 저런 비열한 인간들이나 그렇고 그런 인간들 중 하나가 되기를 원하는가?"『설교』15.6 어거스틴은 이런 반응들이 때때로 정당하다는 것을 알았다. 왜냐하면 "몸으로만 무리를 지어 교회를 가득 채우고 있는 무리들 중에는 타락한 사람들"이 많았기 때문이다.『첫 번째 신앙문답교육』7.12 그래서 그는 반복적으로 열심을 가지고 새로운 그리스도인이든 오래된 그리스도인이든 모방할만한 가치를 지닌 매혹적이고 살아 있는 삶을 살라고 권면했다. 이런 삶은 사람들을 회심의 여행을 시작하도록 매혹시킬 것이기 때문이다.

신앙문답자를 향한 회심 촉구

어거스틴이 주교로 있던 히포에서 회심의 여행은 고전적인 4단계 형태를 유지했다. 그의『첫 번째 신앙문답교육』에서 어거스틴은 교회가 향후 천년동안 구도자inquirer를 1단계에서 어떻게 해야 가장 잘 다룰 수 있는지에 대한 가장 이해하기 쉬운 조치를 제공했다. 405년에 저술한 책에서 어거스틴은 신앙문답교육을 담당했던 부제副祭*인 데오그라티아스Deogratias에게 어떻게 하면 가장 효과적으로 "우리를 그리스도인으로 만드는 진리 즉 신념을 제시"할 수 있는지를 충고하고 있는데, 이런 방식을 통해서 구도자가 신앙문답자가 됨으로써 회심의 여정을 지속하길 원할 것이라고 말했다.[1.1] 어거스틴이 충고했듯이 신앙문답교사가 사랑을 강조해야 한다는 점이 중요했다. 신앙문답교사는 구도자에게 "하나님이 얼마나 그를 사랑하시는지…"에 대해서 이야기해주어야 했는데, "그럼으로써 구도자는 자신을 가장 첫 번째로 사랑하시는 하나님의 사랑 안에서 자라갈 수 있었으며, 그의 이웃을 사랑할 수 있었던" 것이다.[4.8] 신앙문답교사의 처신과

---

* 부제(deacon)란 가톨릭교회의 교계(敎階)제도에서 사제(司祭) 바로 아래에 있는 성직자로, 중세 이전에는 예배처소에서 부적격자를 거부하는 권리, 죽음에 처한 죄인에게 교회와의 화해를 이루게 해주는 특권 등을 가졌으며, 가난한 자들을 보호하는 임무도 주어졌다. 개신교에서는 그들을 '집사' 라고 부른다.

통찰력 있는 응용력은 아주 중요했다. 신앙문답교사는 주의 깊게 그들 앞에 있는 구도자를 관찰해야만 했다. 그들은 어떤 사람인가? 그들의 교육적인 수준은 어떠한가? 그들은 신체적으로 얼마나 건강한가? 그들은 신앙문답교사가 말할 때 서있는가 아니면 앉아 있는가? 그들의 동기는 무엇인가? 어거스틴은 구도자들이 두려움과 환심을 사고자 하는 욕망 같은 공통된 정서와 다양한 동기들을 가지고 온다는 것을 알았다. 어거스틴이 감지한 아마도 가장 큰 도전은 구도자의 냉담함apathy이었을 것이다. "우리의 청중이 감동하는 모습이 전혀 보이지 않는데도… 계속해서 말하는 것은 어려운 일이었다."13.18

이런 고려사항들을 염두에 두고, 신앙문답교사는 가능한 한 설득력 있게 기독교 신앙의 "진리"와 "개념들"을 설명했다. 이러한 설명의 핵심에는 이야기narrative가 있었다. 존중하는 전통을 따라서, 어거스틴의 신앙문답교사는 그의 구도자들에게 구원 역사의 개요를 설명했다. 어거스틴은 개요를 두 가지 모델로 제공했다. 긴 개요는 듣는 이에게 상당한 집중을 요했다. 요점만 정리한 것을 읽는데도 60분 정도 걸렸다. 더 간략하게 신앙문답교사는 "그리스도인의 청렴한 삶의 태도"에 대한 교훈들을 이야기했다. 물론 구도자는 일명 "그리스도인들"이라고 불리는 자들, 즉 배운 대로 살지 않는 "술 취한 자, 탐욕스런 자, 강탈자, 도박자, 간음자, 간통자, 노출증 환자, 요란스럽게 입고 다니는 자, 점쟁이, 점술가, 헛되고 더러운 술수를 부리는 복술가"들을 발견하게 될 것이다. 그러나 어거스틴은 데오그라투스에게 충고한다. "우리는 또한 그에게 교회 안에서 많은 훌륭한 그리스도인들을 발견할 수 있을 것이라고 확신시켜야 한다.”
이 모든 과정에서 신앙문답교사는 회심으로 이끄는 기본적인 동기
는 두려움이라는 것을 기억해야 했다. 두려움은 다른 어떤 동기들보
다 구도자들이 신앙문답교사를 찾도록 하는 경향이 있다. “혐오스
럽고 무서운 말투로… 사악한 자들에 대한 징벌”을 자세하게 이야기
하는 신앙문답교사에 의해 주입된 두려움은 구도자들을 신앙문답
자가 되도록 설득함으로 그리스도의 친구들 중 하나가 되는 여정을
시작하도록 설득하는데 가장 중요한 자극제가 되었을 것이다7.11.

만약 신앙문답자가, 마침내 그의 신앙문답 단계가 끝났을 때, 이
기독교 신앙에 대한 기초적인 설명에 동의하기만 하면, 뒤이어 간단
한 예식을 거행했다. 신앙문답교사는 구도자에게 십자가 성호를 긋
고, “소금의 예식”the sacrament of salt을 거행했다.26.50 이렇게 함으로써
“신앙문답자”가 된 구도자들은 그들의 여정의 2단계에 진입했다. 그
들은 이제 “그리스도인”으로 간주되었다.『설교』97A.3 그리고 가장 넓
은 의미에서 기독교 공동체의 일원으로 받아들여졌다. 그래서 그들
은 일요일 예배의 첫 번째 순서에 해당하는 독서와 설교에 참여하도
록 허락 받았다. 그리고 만약 신앙문답자들이 참여만 한다면 이것은
그들을 위한, 비록 체계적이진 않지만 광범위한, 신앙문답 교육이
되었다. 예를 들자면, 어거스틴의 요한복음 설교는 그들에게 기독
교 교리를 소개할 수도 있었다. 반면에 어거스틴의 시편 설교는 기
독교 영성과 감수성의 깊이를 풀어냈다.Harmless 1995:6장 그러나 신앙
문답자들은 공인된 그리스도인은 아니었다. 그들은 “아직 용서받지

못했다. 왜냐하면 그들은 오직 거룩한 침례를 통해서만 용서 받을
수 있기 때문이다."『설교』97A.3 이 중간상태아직 회심하지 않은 "그리스도인",
아직 신앙문답을 받지 않은 "신앙문답자에서 신앙문답자는 몇 년간을 그 상태
로 지낼 수도 있었다. 이것이 어거스틴의 가장 우선적인 사역 목표
였다. 매년 사순절 기간이 돌아올 때, 어거스틴은 신앙문답자들에
게 이제 그만 기회주의적인 태도를 버리고 침례에 참여하도록 도전
하는 설교를 했다. "보십시오, 부활절입니다. 여러분의 이름을 침례
명단에 올리십시오. 부활절 축제가 여러분의 마음을 사로잡지 못한다
면, 적어도 호기심만이라도 가져 보십시오."『설교』132.1 어거스틴은
그들의 변명거리를 알고 있었다: "그들은 '내일, 내일'이라고 말하지
만, 문은 갑자기 닫혀 버린다. 바로 이것이 많은 사람을 죽인다."『설
교』82.14 영혼의 구원에 대한 그 자신의 두려운 책임을 느끼면서 어거
스틴은 신앙문답자를 신앙의 그 다음 단계로 가게하기 위한 위협으
로 선호하는 구절시락 5:8을 사용해 호소했다.

특히 당신들, 헛되이 내일을 기다리며 쓸데없이 주저하는 그대들
이여, 주께서 말씀하시는 것을 들으십시오. 거룩한 성경을 설교
하는 것에 귀를 기울이십시오. … "하나님께 돌이키는 것을 망설
이지 말라. 하루하루 연기하지 말라. 왜냐하면 갑자기 주님의 분
노가 임할 것이고, 복수의 때에 하나님이 너를 파괴할 것이기 때문
이다." 내가 이 말을 지어냈다고 생각하십니까? 내가 이 말을 지워
버릴 수 있다고 생각하십니까? 만약 내가 이것을 지워버린다면,

나는 내 자신이 지워질까 두렵습니다. … 설교하지 않을 수 없어서 설교하는 것입니다. 두려운 마음으로 여러분에게 경고합니다. 나와 함께 기쁨을 누리기 위해 나와 함께 두려워하십시다. 주님께 돌이키는 것을 머뭇거리지 마십시오.『설교』 40.5

해마다 일부 신앙문답자들이 이와 같은 호소에 귀를 막았지만, 다른 사람들은 이것에 반응했다. 사순절 초기에 신앙문답자들은 그들의 이름을 제출했고, 침례를 위한 체계적인 준비에 참여했다.

어거스틴의 회심자들은 이렇게 그들의 회심의 여행의 3단계로 진입했다. 더 이상 그들은 신앙문답자들이 아니었다. 몇 주 동안 그들은 이제 "함께 묻는 사람들"people asking together인 침례 유자격자compe-tentes가 되었다.『설교』 216 오랜 전통에 따르면, 이 기간에 후보자들은 후견인들"중생의 부모들"과 함께 그들의 신념과 행동, 소속감의 변화를 위한 간헐적인 모임에 참여했던 기간이었다. 이 기간은 반복적으로 축사의식을 치루면서 영적인 경기장에서 씨름하는 시간이었다. 부활절 2주 전에 그들에게 신조가 주어졌다. 그들은 신조를 외우고 "침대에서 암송하고… 길거리에서도 신조를 생각했다."『설교』 215 한 주 후에 그들은 주기도문을 배웠다. 그리고 전체적인 신앙문답과정을 통하여 그들의 우선순위와 행위가 변화되었다. "세상의 삶의 방식에 익숙했던 당신이, 이제는 하나님의 삶의 방식으로 변화되었다."『설교』 216.4 어거스틴은 그 경기장에서 회심자들, 즉 진정한 "하나님의 자녀들"인 변화된 사람들이 나타나길 소망했다.

회심의 변화는 침례보다 선행되어야 한다

몇몇의 북아프리카 평신도 그리스도인들에게 이것은 지나치게 엄격하고 비생산적인 것처럼 보였다. 이 사람들은 어거스틴이 인정한 "성경을 아는 학식 있는 사람들"이었는데, 그들은 후보자들이 침례를 받기 전에 그들의 행동이 변화될 것을 기대하는 것은 잘못된 것이라고 주장했다. 어거스틴은 이렇게 말한다. "그들은 침례 의식이 선행되어야 하고, 도덕과 그리스도인의 삶에 대한 가르침은 그 이후에 따라와야 한다고 생각한다." 그들은 광범위하게 성경 본문에서 선택한 구절들로 자신들의 입장을 정당화했다. 예를 들면, 에디오피아 환관은 그의 삶의 양식에 대한 조사나 신앙문답 없이 사도 빌립에 의해 침례를 받았다.^{행 8:37} 왜 회심자들에게 신앙의 규칙들을 가르치고, 곧바로 침례를 행하면 안 되는가? 그들이 침례를 받은 후에야, 비로소 그들은 "삶이 더 낫게 변화될 것이라는 희망 안에서 행위에 대한 교훈들"을 배울 수 있다는 것이다.『신앙과 선행』1.1; 9.14

어거스틴은 많은 후대의 그리스도인들에게 전형적인 방식이 된 이런 접근방식에 설득당하지 않았다. 그러나 그는 이 입장을 지지하는 자들의 주장을 반박하기 위해 중요한 논문『신앙과 행위에 관하여』를 힘을 기울여 쓸 만큼 이 문제를 진지하게 받아들였다. 어거스틴은 오랫동안 신성하게 여겨져 온 전통의 입장에서 3단계의 회심은 필수적인 것이라고 확신했다. 이러한 확신은 부분적으로는 이 기간이 흥분되고 기대에 찬 기간이기 때문이었다: "그가 이 가장 중요하고 유익한 예전[침례]을 받기 위해 온통 염려와 기대를 하는 때보다 어떻게 하면 그에게 선하게 그리스도인의 삶을 살 수 있는지를 가르치는 것이 얼마나 더 좋은 시간이었던가?"6.9 게다가, 교회는 항상 침례를 받기 전에 행동의 변화를 요구했다. 『사도전승』에 있는 것처럼 금지된 직업창녀, 배우, 또는 평판이 좋지 않은 일을 하는 사람을 가진 사람들이 교회에 받아들여지기를 원한다면 그들의 직업을 포기해야만 했다. 어거스틴은 『사도전승』 16과는 달리 살인을 하는 군인이나 자색 옷을 입은 권력자들을 금하지는 않았다 받아들여질 수 없는 행동 "술 취함, 탐욕, 중상모략"의 형태는 신앙문답 교사의 가르침 가운데 포함되어야만 했다. 세 가지 죄부도덕, 우상숭배, 살인는 "치명적인 죄였다." 그런 이유로 근본적으로 기독교 신앙과는 어울리지 않았다. 항상 그렇듯이 어거스틴은 성적인 죄에 가장 민감했다. "만약 어떤 사람이 침례에서 거부당할 만한 죄가 있다면, 그 죄는 간음이다." 신념과 행동 양자에 대한 가르침은 어거스틴이 확신하기로는 침례를 위한 준비에서 본질적인 것이었다. "왜냐하면 그것들은 상호적으로 연결되어 있기 때문이다. … 이웃을 사랑하지 않는 그 사람은 하나님을 사랑하지 않는 것이다." 그에게 침례를 받으러 온 후보자들을 향한 침례 요한의 도전눅 3:11f은 "기독교 윤리의 원칙들을 침례를 준비하는 사람들에게 가르쳐야 한다"는 사실에 대한 충분한 증거였다.13.19

영적인 전투와 행동의 변화

그래서 어거스틴은, 그를 반대하는 개연주의*적인 비판가들과는 달리, 침례 후보자들을 위한 전통적인 엄격한 훈련을 계속적으로 유지했다. 그러나 어거스틴은 그의 비판가들 쪽으로 얼마간의 입장의 변화가 있었던 것으로 보인다. 우연한 기회에 그는 사도행전 4장에 나타난 예루살렘의 오순절 교회에 기초를 둔 "완전한 회심"의 비전을 분명하게 밝혔다. "그들은 그들이 가진 소유를 모두 팔았다. … 그리고 각 사람의 필요에 따라서 나누었다. 그리고 … 서로 모든 것을 공유했다."『설교』77.4 그러나 어거스틴의 설교는 권면은 길고, 침례 받을 자격을 갖춘 그리스도인의 성품을 형성하기 위한 실천적인 참여에 대해서는 짧게 이야기했다. 크리소스톰과는 달리 어거스틴은 중독적인 행동들을 뿌리 뽑고자 시도하는 사람들을 위한 실천적인 가르침은 거의 제공하지 않았다. 분명한 것은, 어거스틴은 용납될 수 없는 행동의 목록을 제공했다는 것이다.

나는 내가 해야만 했던 것보다 더 많은 것을 이야기했다. 나는 말하지 말아야만 했던 것을 말하고 말았다. 나는 내가 해야만 했던 곳보다 더 많이 웃었다. 나는 내가 해야만 했던 것보다 더 많이 술

---

* 개연주의(laxist/laxism)는 도덕 신학의 한 체계로서 행위의 과정에서 약간은 어느 정도의 개연성을 가지고 자연적인 의무와 긍정적인 율법을 느슨하게 적용한다. laxist의 명제들은 1679년에 정죄되었다. *The Concise Oxford Dictionary of the Christian Church* 참조.

을 마셨다. 나는 해야만 했던 것보다 더 많이 먹었다. 나는 듣지 말았어야 했던 것에 귀 기울이기를 즐겼다.『설교』57.11

어거스틴이 기독교 역사상 최초로 그리스도인의 도덕적인 법의 기초로 소개한, 더 상세한 죄의 분류는 십계명이다.Lombardo 1988:85n 그리고 회심의 어떤 심오한 문제 영역, 즉 적들에 대한 증오, 탐욕, 욕정에 대한 통찰력 있는 언급들은 그의 신앙문답적 설교 여기저기에서 찾아 볼 수 있다.Hamless 1995: 179, 296

그러나 어떻게 침례 유자격자들이 이런 형태의 행동들을 멈출 수 있을까? 어거스틴은 실제적인 도움을 거의 주지 못했다. 이것은 어거스틴이 후보자들에게 입문 과정에서 이야기한 대로 그들 자신의 몫이었다. "우리 사제들은 설교로 당신들을 가르친다. 설교는 당신들이 행위가 나아지도록 할 것이다."『설교』219.1 실제적인 도덕적 훈계를 위해 어거스틴은 후보자 자신의 노력과 그들의 후보자들이 "말이 아니라 선한 행동에 의해" 덕을 갖추도록 격려하는 후원자들에 의존한 것처럼 보인다.『설교』132.2

그러나 후보자들의 행동의 효과적인 변화를 위해서 어거스틴이 취한 주요 방법은 체계적인 도덕적인 형태가 아니었다. 그것은 영적인 전투였다. 후보자들이 "선한 삶을 살고 … [또는] 과부들을 돌보는"지에 대한 침례 전의 정밀심사는 이젠 더 이상 없었다.『사도전승』20 이제 관심의 초점은 마귀축출이었다.Poque 1966:26-33 어거스틴은 후보자들이 아직 바뀌지 않은 삶의 방식이 반복적인 마귀축출을 통해

바뀔 것이라고 생각했던 것 같다. 이런 마귀축출은 사탄의 세력들을 꾸짖고 끊어버리는 것을 의미했다. 그러나 그것은 또한 후보자들에게 "무서운 경험"terrifying experience이었다는 것은 우연한 것이 아니었다.Finn 1990:592 그들의 사순절 여행을 통해 사제들은 반복적으로 그리스도의 이름을 불렀고, "그 지극히 사악한 것에 합당하게" 사탄에 대해 "저주를 퍼부었다." 반면에 후보자들은 후회하면서 다 해진 암염소 털 위에 서 있었다. 이렇게 모욕을 당하면서 후보자들은 "[그들의] 마음을 철저하게 조사해서 무너뜨려야" 했으며, 그리고 "사탄으로부터 돌이켜 진심으로 단절을 선언함으로써" 사탄과 전투를 치러야 했다. 이렇게 정화작업을 통해 회심한 사람은 이제는 다른 사람들을 회심시키기 위해서 행동할 것이다: 그는 "도망친 사람들을 추적하고, 길을 잃어버린 사람들을 찾아내며, 교만한 자를 겸손케 하고, 굶주린 자를 먹이고, 구속된 자를 풀어주고, 눈먼 자들에게 빛을 준다."『설교』216.6, 11

어거스틴의 히포에서는, 다른 곳에서와 마찬가지로, 회심의 3단계 여정은 결국 부활 전야의 장엄한 행사들을 통해서 절정에 이르렀다. 이때 금식과 마귀축출 의식이 가장 강조되었다. 이 의식의 절정에 해당하는 마지막 마귀축출 후에 후보자들은 확고하게 "사탄, 그의 수하들, 그의 천사들"에게 최종적인 단절을 선언했다.『설교』215.1 그들은 몇 주 전부터 암기한 신조를 암송했다. 기름부음과 침례에 이르러서야 마침내 "회심했다." 그들은 용서받았다. 물가에서 행한 세 번에 걸친 침수는 "사면의 목욕"bath of amnesty이었다.『설교』223.1 그들은 하나님께 옛사람은 벗어버리고 새사람을 입겠다는 "언약"pact 을 맺었다. 그들은 깨끗하게 씻겼고, 해방되었고, 계몽되었다. 하얀 옷을 새롭게 입고 그들은 "하나님의 기적과 기뻐하심을 나타내는 빛이 되었다."『설교』120.3 신앙 여정에서 그들은 목적지에 도착한 것이다. 마침내 그들은 공동체의 일원이 되었다. 그들은 신실한 모든 이들과 함께하는 그리스도의 몸이 되었다.

그리고 당신은, 금식, 힘든 수고, 낮아짐과 회개 후에 마침내 그리스도의 이름으로 주님의 잔 안에 들어오게 되었습니다. 말하자면 당신은 거기 테이블 위에 있습니다. 그리고 잔 안에 있습니다. 당신은 이것을 우리와 함께 합니다. 우리는 모두 이것을 함께 쥐합니다. 모두 함께 마십니다. 왜냐하면 우리는 모두 함께 살기 때문입니다.『설교』229.1

신비입문 교육을 받는 8일4단계만이 남았다. 이 과정에서 신앙문답 교사는 이제 막 후보자들이 경험하기 시작한 침례와 주의 만찬의 신비의 의미를 설명했다.

"절름발이" 교회의 중간과정

회심은 기쁨의 원천이다. 부활절 아침에 어거스틴은 이제 막 "형제, 자매… 어머니 교회의 새로운 자손"이 된 "유아들"을 환영했다.

그러나 즉각적으로 어거스틴은 그들에게 경고하기 시작했다. 그들은 신중하게 누구와 교제해야 하고, 어떤 사람을 역할 모델로 삼을지 선택해야 했다. 새신자들은 '신실함'이라는 이름이 정말 무색한 가짜bogus 그리스도인들에 둘러싸이게 된다. 왜냐하면 그들은 "새로운 삶의 태도"가 없는 사람들이기 때문이다.『설교』228 심지어는 침례 후에도 많은 사람들은 "죄를 포기하기를 싫어하고, 전에 그들이 하곤 했던 거짓말, 위증, 간음, 술 취함 같은 일을 반복하기를 원했다." 다른 한편에는 죄인들과 섞이는 것을 두려워하는 자부심이 강한 엄격주의자 그리스도인들이 있었다. 엄격주의자는 교회와 분리된 상태로 머물다가 "이단들과 분파주의로 소멸되[었]다."『설교』4.14 새로운 그리스도인은, 어거스틴이 충고하기를, "타작마당"인 교회에서 알곡 뿐 아니라 가라지인 다른 모든 사람들과 섞여 살면서 신실한 삶의 중도를 유지해야만 했다『설교』80.8. 어디에서도 – 새로운 신자들을 위한 그의 가르침이나 다른 어떤 곳에서도 – 어거스틴은 초기 그리스도인이 흔하게 사용하던 구절, 즉 그리스도인들이 평화의 사람들로 거듭나서, 자신의 칼을 쳐 보습으로 만듦으로써, 이사야 2장 2-4절의 유명한 말씀을 성취한다고 언급하지 않았다.4) 아니, 어거스틴의 확신과 그의 경험은 일치하였다. 내적인 평화는 가능했고, 종말론적인 평화는 약속되어 있다. 그러나 심지어 교회 안에서조차 "이 세상의 삶에서 평화란 없다."『시편 주해』45.10; 48.17

　히포에서 화려하게 수많은 사람들이 교회 안으로 들어오는 바람에 회심의 예전은 아주 많이 발달했다. 그러나 어거스틴은 회심의 결과들에 대해 현실적인 판단을 하고 있었다. "우리는 대다수의 사람들을 선한 삶으로 변화시킬 수 없다. 그렇지 않은가?"『설교』80.8 오직 "소수의 사람들만 좁은 길을 따라서 걸었다."『설교』224.1 어거스틴은 소수의 그리스도인들만이 진지하게 그리스도를 따르고자 한다는 것을 알고 있었다. 그들은 적들을 위해 기도하고 필요에 따라 자신들의 좋은 것을 나누어 주었다. 그러나 그들은 저스틴이나 키프리안의 기준에서 보자면 정상적인 것처럼 보이는 방식으로 살아가는 것이었지만, 다른 그리스도인들이 보기에 그들은 미친 사람들이었다. 이것은 인습에 얽매인 사람들이 늘 해오던 대로 종교적인 이유 때문에 사회의 가장 근본적인 규범들을 거부하는 사람들에게 보였던 반응이기도 했다. "왜 당신은 미친 짓을 하는가? 극단을 향해 걸어가는 것이다. 다른 사람들은 그리스도인들이 아니란 말인가? 이것은 분명히 어리석은 짓이다. 이건 미친 짓이다."『설교』88.12 어거스틴은, 소수를 더 위대한 겸손으로 이끌고 다수를 더 신실해지도록 목양하면서, 포용력과 치유력이 있는 교회에 이 모두를 품으려고 애를 썼다.

어거스틴은 "교회는 절름발이다"라는 현실적 인식을 가지고 있었다. 또한 사람들이 자신의 행동을 향상시킬 "훈련의 적용"이 필요하다고 맹렬히 주장했다.『설교』5.8;『재고록』2.31 어거스틴이 하기를 꺼려했던 것은 절름발이 현상이 그가 행한 훈련의 결과인지 아닌지 묻는 것이었다. 덜 했든지 더 했든지 간에 강제적으로 일어난 회심이 절름발이 교회 말고 다른 것을 만들 수 있었을까? 어거스틴은 이 과정에 그가 교회의 본성과 교회와 "세상"과의 관계에 대한 광범위한 개조를 창출해냈고, 주도했다고 생각하지 않았다. 어거스틴은 확신에 차서 이렇게 말했다: "영혼이 몸 안에 있듯이, 성령께서는 그리스도의 몸, 즉 교회 안에 계신다."『설교』267.4 어거스틴은 유사한 본문이 2세기 편지인『디오그네투스에게 보내는 편지』6.1에 나온다는 것을 알고 있었는지 궁금하다. "영혼이 몸 안에 있듯이, 그리스도인들은 세상 가운데 있다." 어거스틴에게 있어서, 세상이 사라졌듯이 주목할 만한 삶을 사는 기독교 교회도 사라졌다. 크리스텐덤의 선구자인 어거스틴에게는 교회와 세상은 구별될 수 없을 만큼 서로 뒤섞여버렸다.

볼루시안-로마의 귀족이 기독교를 검토하다

당시 사람들의 삶에서 이 사람의 중요성을 이해하려면 우리는 많은 이야기를 해야 한다. 다행히도 우리는 이 사람에 대해서 말할 수 있는 자료가 있다. 당연히, 그 주인공은 당연히 귀족이었다. 하층계급Humiliores의 개개인에 대한 자료가 존재하지 도 않는다. 그러나 귀족 남자들은 마침내 교회 안에서 중요한 존재가 되었다. 그리고 루피우스 안토니우스 아그립니우스 볼루시아누스볼루시안*의 이야기는 그리스도인이 된 사람들의 회심의 내적인 역동성을 보여준다.5)

볼루시안은 걸출한 로마 가문인 캐오니Caeonii 가문 출신이었다.

---

* 본명 Rufius Antonius Agrypnius Volusianus는 5세기 호노리우스(Honorius) 황제 재임 기간의 두 번의 중직을 맡았다. 기독교 왕국에서 이교도 신자로 지내다가 어거스틴과의 편지 교환과 조카 멜라니아의 전도로 기독교로 개종하였다.

어거스틴 시대에 가부장적인 많은 로마 가문이 그리스도인이 되었다. 이 과정에서 종종 여성이 남성을 주도했는데, 수 세기 동안 이 여성들은 이방종교를 폐기하고 남자들보다 빨리 그리스도인이 되었다. 캐오니 가문에는 열심히 가문의 남자들을 회심시킨, 특별히 경의를 표할만한 두 여인, 큰 멜라니아Melania*와 작은 멜라니아**가 있었다. 411년에서 412년에 볼루시안은 아프리카의 지방총독이 되어 파견되었는데, 큰 멜라니아는 카르타고에 있는 그녀의 그리스도인 연락책들에게 편지를 써서 그들로 하여금 볼루시안의 친구가 되게 했다. 그들 중의 한명은 호민관인 마르셀리누스Marcellinus였다. 그는 매일 볼루시안을 만났다. 다른 그리스도인 귀족들도 매일 볼루시안을 만났다. 볼루시안은 종교에 관심이 있었다. 그래서 기독교와

---

* 두 명의 멜라니아는 할머니와 손녀 관계로, 가톨릭에서는 두 여인을 '성녀'로 추앙한다. 로마 관리의 딸인 큰 멜라니아는 젊은 나이에 과부가 되었고 알렉산드리아로 그리고 그 다음에 니트리아 사막으로 이주했다. 그녀는 여러 명의 사막 교부들과 만나서, 그들의 여행길을 따랐고, 그녀 자신의 돈으로 그들을 보살폈다. 여러 명의 교부들이 관리들에 의해 팔레스타인에서 추방당한 후에, 한때, 그녀는 그들을 도와주었다는 이유로 감옥에 투옥되었다. 그녀는 마침내 예루살렘에 약 50명의 수녀들을 지닌 수도회를 설립했다.

** 작은 멜라니아는 14세에 결혼 후 두 자녀를 낳았지만 모두 죽게 되자, 남편을 설득하여 재산을 다 팔아 가난한 사람들을 돕고, 자신의 집을 순례자의 집으로 바꾸었다. 410년에 멜라니아는 남편과 함께 북아프리카에서 7년 동안 머무르면서 히포(Hippo)의 주교인 어거스틴과 함께 알리피우스(Alipius)를 만나 그들로부터 금욕생활을 열심히 하라는 격려를 받았다. 그 후 417년 예루살렘에 정착한 그들은, 이집트의 여러 수도원을 순례하였고 알렉산드리아의 시릴(Cyril of Alexandria)과 히에로니무스(Hieronymus)를 만나기도 하였다. 431년에 남편이 사망하자 그녀는 이듬해 예루살렘의 올리브산(山)에 수녀회를 설립하였으며, 436년에는 그 근처에 남자 수도회를 설립하였다. 436년에 콘스탄티노플을 방문하여 그녀의 삼촌 볼루시안(Volusian)을 개종(改宗)시켰다.

이방종교에 대한 대화가 쉽게 오갔다. 볼루시안이 카르타고의 그리스도인 친구들이 감당할 수 없는 질문들을 던졌을 때, 그들은 히포의 어거스틴에게 도움을 청하려고 편지를 썼다. 그들의 재촉으로 볼루시안 자신이 "몇 가지 의심스런 부분들"에 대해 물었다. "나는 열망을 가지고 당신의 학교에 등록합니다." 그는 편지를 썼다.어거스틴, 『편지』 135 어거스틴은 정중하게 반응했다. 그리고 "고귀한 각하, 마땅히 탁월하시고 뛰어나신 분"으로 시작되는 긴 편지를 볼루시안에게 썼다. 게다가 포시디우스Possidius * 주교가 그에게 보내는 안부인사가 더해졌다. 마르셀리누스에게, 어거스틴은 볼루시안의 염려에 대해 더 길고 노골적으로 써달라고 편지하기도 했다.Epp 137–38

마르셀리누스가 보충해주기는 했지만, 볼루시안으로부터 귀족들이 머뭇거리는 분명한 이유를 엿볼 수 있다. 볼루시안은 기독교의 기본 신념에 대한 "의심에 사로잡혔다." 성육신은 그에게 비논리적으로 보였다. 어떻게 "세상의 주님이자 통치자가 순결한 처녀의 자궁을 채울 수 있는가?" 어떻게 "하나님이 사적인 사람들의 사건들, 악한 영을 쫓아내고 병든 자를 치료하는 일에 관련될 수가 있는가?" "이런 일들은 신a god이 하기에는 사소한 일들이다." 마르셀리누스는 이 일 등에 대해 자세히 말했다. 그리고 덧붙였다. "[그리스도의] 설교와 교리는 정부의 관습에 적합하지 않다." 이 그리스도의 가르침—예를 들면 제자들은 악을 악으로 갚지 않는다거나 누군가가 그들의

---

* 포시디우스는 히포의 어거스틴의 제자이자 친구로, 어거스틴의 전기를 기록하였다.

외투를 가져간다면 겉옷까지 포기해야 한다—은 "정부의 법에 반한다." 볼루시안이 확신하기로는, 가장 큰 해악은 이런 가르침을 준수하는 지배자를 가진 정부는 무너진다는 것이다. 그리고 어떤 귀족도 그런 가르침들을 받아들일 수는 없다는 것이다. Epp 135-36

어거스틴은 볼루시안의 질문들을 진지하게 다루는 대답을 적어 보냈다. 신중하고도 정중하게 어거스틴은 볼루시안의 교리적인 의문들에 반응했고, 기독교 신앙의 합리성을 보여주었다. 그리고 이 믿음들은 볼루시안처럼 분명하게 알았던 귀족들을 포함하여 점차 많은 사람들에게 받아들여졌다.

> 비록 몇 명 안 되지만, [그리스도인들은] 세상에 널리 퍼졌다. 놀라울 정도로 쉽게 그들은 모든 사람을 회심시켰다. 그들은 적들 가운데서 성장했다. 그들은 박해 아래 증가했다. 그리고 박해의 압박 때문에 그들은 땅 끝까지 흩어졌다. 비록 한때 가장 무지하고, 가장 천하고, 얼마 되지 않은 무리들이었지만, 그들은 학식있고 고귀한 사람들이 되었다. 그들의 수는 배가되었다. 『편지』 137

어거스틴은 볼루시안에게 그리스도인이 된 귀족들이 로마 가부장제적인 행동들을 어떤 방식으로 변화시켜야 되는지에 대해서 어떤 가르침도 주지 않았다. 그는 1세기 반 전의 키프리안에 비하면 많이 앞서갔다. 정부의 이익에 적대적이었던 볼루시안에게 문제가 되는 예수의 가르침은 없었다. 그들은 그리스도인의 정치 윤리를 언급하지 않고 "마음의 내적인 기질들"을 언급했다. 그리스도인 지배자들의 행동은 다른 사람들의 안녕을 위해 "일종의 합법적인 가혹함"에 의해서 결정되어야지 나약한 사랑에 의해 결정되어서는 안 된다. 선은 "정당한 정부가 제거하고 억압했어야 했던 이러한 악을 파괴함으로써 부도덕한 정욕을 억제하려면" 전쟁을 사용할 필요가 있다. 만약 이 점에 대해서 머뭇거림이 있다면, 그들은 침례 요한이 그를 만나러 온 군인들에게 주었던 충고를 통해 생각을 고쳐야만 한다.눅3:14 침례 요한은 그들에게 "무기를 버리고 다 같이 군대에 복무하는 것을 포기하라"고 말할 기회가 충분히 있었다. 그러나 침례 요한은 그렇게 하지 않았다. 대신에 침례 요한은 그들에게 정당하지 않은 폭력을 피하고 그들의 월급에 만족하라고 말했다. 볼루시안은 기독교는 "정부의 안녕에 반한다"고 들었다. 그러나 그것은 오해였다. 오히려 기독교는 "정부의 안전"에 가장 좋은 것이었다. 이처럼 볼루시안 같이 "구별되고 뛰어난" 사람들에게 회심은 귀족적인 행동의 근본적인 변화를 요구하지 않았다.Epp 137-38

볼루시안은 그리스도인의 주류사회에 진입했다

그럼에도 볼루시안은 회심 요청을 거절했다. 24년 후인 436년에 우리는 그를 다시 만나게 된다. 콘스탄틴노플에서 살고 있던 그는 여전히 이교도였는데, 로마 법정에서 대사 자격으로 콘스타틴노플로 파송됐다.Gerontius, Life of Melania 52-55쪽이 이것에 대해 언급하고 있다 서로마 황제 발렌티안 3세와 동로마 공주 유도시아Eudoxia의 결혼이 논의 되고 있었다. 황제는 조정을 끝내고자 볼루시안에게 외교적인 수완을 발휘하라고 요청했다. 볼루시안이 동쪽으로 여행을 하고 있었을 때, 캐오니 가문의 또 다른 사람 멜라니아가 볼루시안의 임무에 대해 듣고는 콘스탄티노플로 달려갔다. 그곳에서 어머니 멜라니아는 실패했지만, 예루살렘 근처에 수녀원을 세워 수녀원장이 된 작은 멜라니아는 이제 막 삼촌의 회심을 얻어내려던 참이었다.

나이든 귀족과 주름 많은 수녀는 감동적인 재회의 시간을 가졌다. 볼루시안은 이제 중년의 숭고한 여인에게 풍기는 근엄한 외모에 의해 마음이 흔들렸고, 혼란에 빠졌던 것이 틀림없다. 그녀는 아주 우아하게 성숙했다. 멜라니아는 그녀의 외모에서 주제를 바꾸어 그녀의 삼촌인 볼루시안이 기독교로 개종하도록 호소했다. 그녀는 덧없는 현실의 쾌락적인 삶을 경멸해 왔다. 그는 어떤가? "나는 당신이 불멸의 욕조물−침례에 들어갔으면 좋겠어요. 그러면 당신은 일시적인 것을 즐겨 왔던 것과는 달리, 영원한 선을 얻을 수 있어요." 멜라니아는 삼촌에게 마귀로부터 자유로와져야 한다고 호소하면서 만일 그가 회개하지 않으면, 영원히 꺼지지 않는 불에서 마귀들과 함께 불에 탈 것이라고 경고했다. 무엇보다, 그녀는 제국의 제정법 제408과 416 조항CT 16.5.42; 16.19.21을 간접적으로 언급하면서 "황제에게 그 문제를 넘길 것"이라고 위협했다.

이 부분에서 볼루시안은 "마음이 깊이 찔렸다." 그는 그의 악행의 "얼룩"을 씻어내려고 애썼다. 그러나 그는 멜라니아에게 하나님이 그에게 준 "자기 결정권이란 선물을 빼앗지" 말아달라고 간청했다. 만약 그가 황제의 칙령에 답하여 침례를 받아야한다면, "나는 강제로 침례를 받을 수 있겠지만, 그 댓가로 나의 자유로운 결정을 잃어버릴 것이다." 이 변명으로는 멜라니아를 제지하지는 못했다. 귀족들의 연락책을 통해 멜라니아는 주교 프로클루스Proclus가 볼루시안을 만나러 오게 했다. 볼루시안은 프로클루스에게 깊은 인상을 받았다. 그를 통하여 그는 신앙문답자가 되었다. "만약 [로마에서] 우리가 프로클루스와 같은 사람 세 명이 있었다면, 이교도라고 불리는 사람은 아무도 없었을 것이다." 그 후 얼마 지나서 볼루시안의 건강이 점차로 나빠지자 침상에서 침례를 받은 것이 분명하다. 멜라니아는 볼루시안에게 성만찬에 세 번 참여케 했고, "그녀는 기쁨으로 볼루시안을 평안한 중에 주님께 보내드렸다." 끈기, 설득, 사회적 관습의 변화, 폭력의 위협 그리고 임박한 죽음이 마침내 볼루시안을 정복했다. 멜라니아는 기뻐했다. 캐오니 가문 전체가 그리스도인이 되었기 때문이다.

한 세기 전에 콘스탄티누스의 침례에서 교회는 황제에게 삶의 방식의 변화를 요구했다. 그러나 볼루시안의 경우를 보면, 어거스틴의 장년시절의 편지에서부터 그의 말년에 프로클루스의 신앙문답과 멜라니아의 책략에 이르기까지, 거기엔 회심한 귀족에게 변화를 요구했다는 암시가 없다. 어느 누구도 볼루시안의 사회적 특권에 대해 의문을 제기한 적이 없었고, 또는 키프로스 처럼 그리스도의 삶의 기준에 비추어 그의 행위를 바꾸라고 한 적도 없었다. 『퀴리누스에게』3.39 볼루시안의 이러한 경험은 전형적인 것이었다. 리타 리찌Rita Lizzi는 "더 부유한 시민의 회심을 독려하기 위하여 주교는 부와 종교적 의무에 관한 주제를 적절하고 재미있게 조리해서 설교했다"고 지적했다.1990:167 피터 브라운Peter Brown은 그 결과 "존경받는, 귀족적인 기독교"가 되었다고 묘사했다.1972:177 그리고 이들 회심한 귀족들은 교회의 지도자들과 공동으로 그들의 명성과 강한 영향력을 이용해서 때로 귀족들에게 비협조적인 아랫사람들을 개종시켰다. 이런 식으로 유럽에서 회심이 진행되었다.

웨인 믹스Wayne Meeks는 『기독교 윤리의 기원』*The Origins of Christian Morality*이라는 그의 계몽적인 책에서 많은 사회에서 발견한 회심의 두 가지 유형에 대해서 논한다. 첫 번째 유형의 회심을 통해 한때 존경받는 시민들이 보다 큰 사회의 가치에서 일탈한 그룹의 구성원이 된다. 그들의 회심은 "대안 공동체 안으로 들어가는 재사회화"를 수반한다. 두 번째 유형의 회심을 통해,

> 허랑방탕하고 삭막한, 그렇지 않으면 개탄스러운 삶을 살던 사람이… 방향을 바꾸고 태도를 개선해서 그 이후 모든 이에게 인정받은 행실을 드러낸다… 일탈자들은 사회가 일반적으로 인정하는 규범에 설득 당한다.1993:21,26

초기 기독교의 몇 세기 동안 첫 번째 형태의 회심은 위기와 굉장한 모험 가운데에서 발생했다. 어거스틴과 나이든 볼루시안의 성숙

한 시대에 두 번째 유형의 회심이 점차적으로 피할 수 없는 것이 되었다. 볼루시안의 회심에는 확실히 공동체 소속에 대한 강조가 포함되어 있다. 그러나 이 소속감은 그의 가족 종교, 즉 그가 속한 계급의 종교, 엄밀히 말하면 제국의 종교에 소속되는 것이었다. 그것은 강제력과 관련된 소속이었다. 볼루시안은 그의 팔이 뒤에서 꺾인 채 사회 질서에 의문을 제기하지 말고 재가하도록 요구를 받았다. 역류crosscurrent가 아닌 주류mainstream에서 헤엄치도록 요구를 받았다. 물론 주류는 이제 기독교였다.

---

1) 사용된 자료: Augustine, Confessions, in Chadwick 1991; Sermons, in Hill 1990–1993; *First Catechetical Instruction*, in Christopher 1952; On Faith and Works, in Lombardo 1988; Geronitus, *Life of Melania the Younger*, in Clark 1984; Ep 93 and 135–38, in Parsons 1953 and Parsons 1953a; Retractions, in Bogan 1968.

2) 제4차 카르타고 공의회에서 외부인에게 예배 참석을 허락하는 것에 대한 교회의 정책은 변경되었다. 84조는 "감독은 이방인이든지 이단이든지 유태인이든지 교회에 참석하기 위해 들어오는 어떤 사람도 금지할 수 없다. 그리고 신앙문답자들의 무리에 속하기까지 하나님의 말씀을 듣는 것을 막아서는 안된다." 이 규정의 정확한 날짜는 불분명하지만, 관례적으로 추정되곤 하는 398년 보다는 훨씬 후대라는 것은 확실하다. 그리고 또한 이 규정은 내가 보기에는 어거스틴의 시대보다는 훨씬 후대일 것처럼 보인다. Hefele 1908:2, I, 102.을 보라.

3) 아마도 신앙문답자인 사람과 동기에 관해 나눈 어거스틴의 대화(Harmless 1995:113); 두 세기 이전에 "사도전승"(15-16)에서 교리문답교사는 후보자들의 관계들, 직업과 생활스타일에 대해 조사했다.

4) "어거스틴은 이사야 2장 4절을 인용하지 않았다. 그리고 이사야서의 평행구절인 미가서를 심지어 단 한 번도 언급하지 않았다"(Lohfink 1986:202). 그의 고백록(9.5)에서 그는 그의 침례를 위한 마지막 준비에 앞서 암브로조에게 적당한 독서를 요청했다고 보고한다. 암브로조는 "예언자인 이사야"를 제안했다. 그러나 어거스틴은 이사야서의 앞부분을 이해하기 어렵다는 것을 발견했다. 그래서 그는 그 책을 한쪽으로 치워버렸다(Harmless 1995:93).

5) 볼루시안의 가족과 경력에 대한 자료는 Chastagnol 1956에 수집되어 있다. Chastagnol 1962; Clark 1984:129–33도 살펴보라.

7장 . 그리스도인들을 개종시키다 : 아를Arles의 캐사리우스

이교도들을 향한 전도와 교육

어거스빈 이후 1세기 성도 지나서, 캐사리우스가 아를Arles의 주교가 되었다. 아를은 남부 갈리아Gaul의 대도시였다. 캐사리우스는 유명한 갈로-로만Gallo-Roman* 가문 출신이었으며, 그의 배경은 갈리아 사회에서의 리더십을 발휘할 수 있는 좋은 조건이 되었다. 그의 설교는 거의 250여 편이 남아 있는데, 이것들은 그가 어거스틴처럼 목회적, 영적 은사를 가진 사람이었음을 잘 보여준다. 이들 은사는 한 지역의 기독교화를 이끄는 데 필요한 것들이었다. 그의 오랜 주교직 수행 기간 동안502년부터 그가 죽던 542년까지 주교로 활동했다 수많은 사람들이 회심했고, 이 때 캐사리우스는 그들에게 지대한 영향을 끼

---

* BC 50년경 로마의 장군 카이사르가 갈리아 지방을 정복하여 로마의 영토로 삼고 많은 로마인을 이주시켰는데, 이 때 이 이주자가 갈로-로만인(人)으로, 그들은 로마식 문화를 이식하는데 주요 역할을 했다.

쳤다. 따라서 이 회심자들에 대해서 연구하는 것은 무척 흥미로운 일이다. 왜냐하면 이들의 회심은 기독교가 특정 지역의 지배 종교가 되어가면서, 회심의 본성이 점차 어떤 식으로 지속적인 변질을 겪게 되는지를 보여주기 때문이다.1)

캐사리우스는 교회 밖에 머물러 있던 아를 주민들에게 선교적 관심을 가지고 있었다. 그는 자신의 회중들에게 이렇게 촉구했다.

여러분은 모든 사람이 여러분의 이웃이라는 사실을 기억해야 합니다. 설사 그가 아직 그리스도인이 아니라 할지라도 말입니다. 이는 어떤 사람이 하나님의 존전에 서게 될지 여러분이 알지 못하기 때문입니다. 여러분은 하나님께서 그를 어떻게 미리 아시는지를 모릅니다. … 우리의 이웃들은 교회에 속해있지 않는 사람들 틈에 감추어져 있습니다. … 우리는 유대인이든, 이단자든, 이교도든 그들에게 어떤 일이 일어나고 있는지 잘 모릅니다. … 주님의 자비하심을 통해서 한 사람이 하나님께로 돌아오게 될 것입니다. 그리하여 그는 성인들 가운데서 첫 번째 자리를 차지할 수 있는 존귀한 자가 될 수도 있는 것입니다. 『설교』180.1

캐사리우스는 신자들이 비그리스도인 이웃들을 잘 대해주어야 한다고 생각했으며, 또한 가능한 한 언제라도 신자들은 "기독교의 신비"를 그들에게 설명해 줄 수 있는 준비를 갖추어야 한다고 믿었다. 『설교』104.6

하지만 캐사리우스에게 문제가 있었다. 이교도의 제의들과 갈리아 지역의 관습적인 사회적 행동은 그의 교구 신자들에게 강한 유혹으로 작용하고 있었다. 유혹blandishments에 저항했던 이들을 묘사하기 위해서, 캐사리우스는 기독교 용어 중 강력한 단어를 선택했다. 곧 순교와 핍박과 같은 어휘들이다. "모든 죄인들은 선을 핍박합니다. 칼과 돌이 아니라 그들의 삶과 도덕으로 말입니다."『설교』181.4 간음자는 정숙을 핍박하며, 누구든지 "정의를 위해서 그리스도를 증거하는 이들은 의심할 여지없이 순교자입니다."『설교』86.5;52.1 이것은 대단히 심각한 문제이기에 그리스도인들은 유혹의 근원을 뿌리 뽑기 위해서 극단적인 수단에 의존하지 않으면 안 되었다. 특별히 이것은 세속 지배자들을 위한 것이있다. "과거에 [지상의 권세자들은] 우상들로 인해 기독교도를 박해했습니다. 하지만 이제 그들은 그리스도로 인해 우상을 박해합니다."『설교』142.2 캐사리우스는 특별히 지주들에게 호소하기를 아랫사람들의 이교주의를 억누르라고 촉구했다.

여러분이 알고 있는 [죄인을] 벌하십시오. 그들을 혹독하게 책망하십시오. 그들을 호되게 꾸짖으십시오. 고쳐지지 않으면, 때리십시오. 만일 여러분에게 그럴 힘이 있다면 말입니다. 이렇게 해도 개선이 되지 않는다면, 그들의 머리카락을 잘라버리십시오. 여전히 완고하게 저항한다면, 쇠고랑을 채우십시오. 그리스도의 은총의 사슬이 그를 붙잡지 못하다면 쇠사슬이 그를 붙잡게 하십

시오. 『설교』 53.2

켈수스Celsus에 따르면 2세기 기독교는 무엇보다도 소외된 자들 "양치기… 어리석은 여자들" [오리겐, 『켈수스에 대한 반박』 3.55]에 대한 복음적 실천을 통해서 성장했다. 4세기 뒤에 캐사리우스는, 어거스틴의 전통 위에 서서 이제 지역 엘리트들의 영향력과 힘을 동원하여 상명하달이란 수단으로 기독교를 성장시키려고 노력했다. 물론 그들 엘리트의 절대다수는 남성들이었다.

캐사리우스는 이것을 핍박이라고 생각하지 않았다. 그는 크리스텐덤의 통상적/상식적 성찰을 예기하면서, 박해라는 범주는 오직 비그리스도인이 그리스도인을 향해 가하는 것으로만 여겼다.

축소된 회심의 4 단계

일부 사람들은 그리스도인들의 압력이나 혹은 그들의 친절neighborliness에 대한 보답으로 신앙문답자가 되기 위해서 지속적으로 교회에 출석하였다. 그들은 잘 정착된 수단회심의 4단계는 아를에서도 여전히 잘 기능하고 있었다에 따라 진행했으며, 그렇게 함으로써 그들은 다소 융통성이 있는 제2단계에 접어들었다. 이 기간 동안 성직자들은 회심을 위해 그들을 준비시켰다.Beck 1950:166 이것은 그리스도인 부모에게 태어난 유아에게도 적용되었다. 6세기 초반까지 그리스도인 부모에게서 태어난 유아들은 출생 직후 침례를 받는 일들이 점점 늘어나고 있었다. 하지만 늘 그랬던 것은 아니다. 아직도 기독교 가정에서 출생한 이들 중 적지 않은 수가 전통적인 방식의 성인침례를 받고 있었다. 히포에서와 마찬가지로 아를에서도 신앙문답자들은 그들이 기독교 가정에서 태어났든 그렇지 않았든 자신들의 침례를 미룰 구실을 찾는데 능숙했다.

캐사리우스는 그들에게 너무 늦기 전에 회개하라고 호소했다. "오, 여러분, 여러분의 구원의 치료제를 미루지 마십시오. 이는 여러분의 영혼이 언제 부름 받을지 알지 못하기 때문입니다."『설교』 170.4 매년 침례의 횟수가 더 늘어나는 추세였지만, 그래도 교회는 부활절을 침례시기로 가장 선호했다. 부활절 전 몇 주간 동안, 캐사리우스와 다른 설교자들은 아직 침례 받지 않은 예비신자들에게 점차 압력의 강도를 높여갔다. 그리하여 그들에게 "부활절 전 수일 내에" 침례유자격자competentes가 되도록 명단을 제출하라고 요구했다. 만일 그들이 그렇게 한다면, 그들은 안수를 받고, 기름을 바르고, 진지하게 준비, 즉 간단히 말해서 침례 준비가 되었음을 고백했다. 물론, 주어진 짧은 시간 때문에『사도전승』의 3년이라는 기간은 점차 줄어들었는데, 레오Leo the Great*의 "사순절 금식"Lenten fast을 거쳐 캐사리우스의 아를에서는 "열흘 혹은 최소한 일주일"까지 축소되었다. 이제 극소수의 문답만 할 수 있었다.『설교』 225.6

------

* 위대한 레오(Leo the Great) 또는 교황 레오1세라고 불리는 그(391 또는 400~461)는 로마의 주교이자 가톨릭의 교황(440~461)이었다. 이탈리아 귀족 출신으로 452년 훈족의 왕 아틸라(Attila)를 설득하여 이탈리아 침략을 돌이키도록 한 것으로 유명하다.

하지만 침례식 준비의 초점은 교육적인 것이 아니라 영적인 것이었다. 캐사리우스는 침례 유자격자에게 그들의 양심을 살펴보라고 촉구했다. 그들은 마음에서 증오를 내쫓아야 했으며, 그들을 해쳤던 사람들을 용서하도록 요구받았으며, 무엇이든 그들이 속여 빼앗은 것은 되갚아야 하고, 혹 그들이 "도둑질이나 살인이나 간음"을 범했다면, 혹은 낙태를 행했다면 하나님의 자비를 구해야 했다. 따라서 깨끗함을 받은 유자격자"친절하고, 겸손하고, 부드럽고, 온유한 자"는 부활절 철야의 축사를 통해 정밀심사와 침례를 받을 수 있었다.

침례의 대변혁과 신앙문답

6세기 초반까지 침례 유자격자들은 모든 연령에서 나타났다. "침례 받은 모든 자들은 아직도 유아로 불립니다. 그들이 노인이든 청년이든 말이지요."『설교』129.5 1세기 앞서 어거스틴이 살던 시기에는 초기 기독교와 마찬가지로 그리스도인의 침례는 우선적으로 침례받기로 동의한 성인의 침례였다. 최소한 2세기 중반부터 유아세례에 관한 기록이 발견된다. 그리고 어떤 기독교 공동체에서 이것은 비교적 광범위하게 시행되었던 것으로 보인다. 하지만 유아세례는, 북아프리카에서조차 성인침례와 비교해 보면 그리 흔한 일은 아니었다. 교회의 주된 선교는 기독교 1세대 회심자들을 향한 것이었으며, 침례 의식은 그리스도를 추종하기로 선택한 사람들을 수용하기 위해 고안되었다. 8세기가 되어서야 교회는 스스로 답변할 수 없는 자들을 위해 적합한 예배의식을 만들었다. Whitaker 1970: 166; Didier 1965 교회가 유아세례를 행했을 지라도, 그것은 갓 태어난 유아들에게 우선적으로 해당되는 것이 아니라 병들었거나 죽을 위험에 처한 아이들을 위한 침례였다. Wright 1987; Wright 1997; Ferguson 1979 380년대 후반 안디옥의 요한 크리소스톰은 자신이 "어린이 침례도" 시행했다고 시인했다.『침례교훈들』3.6 같은 시기 갑바도기아에서, 나지안주스의 그레고리는 어린이가 건강하다면 최소한 3살 때까지 침례의 시기를 늦추는 것을 선호했다. 왜냐하면 그 때 아이들은 "듣고 답하기" 시작할 수 있기 때문이다. 그래서 기독교의 가르침의 대략을 알 수 있고, "자신들의 삶에 대해서 책임지기 시작"하기 때문이다.『연설』40.18

모든 것을 변화시킨 사람은 바로 어거스틴이었다. 최근 데이빗 라이트David Wright가 주장했던 것처럼, 어거스틴은 "침례 혁명"baptismal revolution을 시작한 사람이다. 그는 원시적 형태의 기독교를 근본적으로 뒤바꿀 수 있는 목회적, 신학적 동력을 촉발시켰다. 그 이후로 서구 사회에서 신생아에게 즉시 침례를 주지 않는 것이 어려워졌다. 부모들은 부활절 기간까지 침례를 미루는 영적 위험부담을 지는 것을 두려워하기 시작했다. 이러한 제의적, 신학적, 목회적 변화가 기독교국가 체제의 특성을 심대하게 형성하는 파문을 몰고 오게 되었다. Wright, 2001

캐사리우스는 침례 혁명의 한복판에 자신이 서 있음을 발견하였다. 그의 침례 예비자들 중 일부는 자신들의 성품에 대해서 보증하고 "감시와 금식"watching and fasting에 참여했던 후견인들을 가진 성인들이었다. 나머지 사람들은 다양한 나이의 어린 자녀들이었는데, 그들 가정의 가장들이 침례를 위해 데리고 나온 다양한 아이들이었다. 병든 자들은 즉시 침례 받을 수 있긴 했지만, 캐사리우스는 다소 보수적이었다. 그래서 그는 "부활절 축일까지 침례 받는 것을 연기하는 것이 더 낫다"고 주장했다. 아이들 부모와 후견인들은 "힘이 닿는 대로 금식해야 했으며, 더 자주 철야를 하러 나와야 했다."『설교』 225.6 침례식에서 모든 예비자들성인, "어린 자녀들", 그리고 유아은 축사를 받았다. 더 나이 많은 예비신자들은 사탄과 사탄의 위선pomp을 끊겠다고 선언했으며, 지속적인 자기 부인과 정절을 지키겠다고 "주님과 언약"을 체결했다. 자신의 입으로 고백할 수 없는 예비신자들의 경우, 그들의 부모나 후견인이 그들을 대신해서 언약을 체결했다. 그런 후에 침수례immersion가 이어졌다. "거듭남"의 상징으로 예비자들에게는 "흰색 가운"이 입혀졌다. 영적으로 그들은 요단강을 건너서 약속의 땅으로 들어간 것이다. 이 후로 그들은, 나이가 몇 살이 되었든 "하나님의 가족이 되는 특권"을 받을 자격을 갖추게 된 것이다.『설교』 12.3;200.1;189.2;115.1

후견인의 신앙문답의 부담

새로운 제도에서 후견인이 얼마나 중요해졌는지 모른다!Lynch 1986

---

* 침례를 받아 교회의 구성원이 된 신자가 성령의 은사를 받고 굳건한 믿음의 용사가 되도록 안수하는 의식.

캐사리우스는 견진성사confirmation*에 대해 언급하지는 않았지만, 이 것은 갈리아 지역에서 한 때는 침례의 일부분이었다가 후에 포괄적 침례의식으로 발전했는데, 그 후 침례에서 분리되었다. 하지만 그는 반복해서 후견인들에게 하나님 앞에서 자신들의 신앙의 "자녀들"을 가르치는 책임을 강조했다.

> 사도신경과 주기도문을 기억하고 여러분의 자녀에게 가르치십시오. 저는 사람들이 몇 줄 안 되는 사도신경과 주기도문을 배우지도 않으면서 무슨 용기로 자신이 그리스도인이라고 고백하는지 모르겠습니다. 여러분은 침례식에서 받아들인 여러분의 자녀를 위해 하나님 앞에서 보증을 선 것임을 기억하십시오. 그래서 여러분을 낳은 이들이 여러분에게 그렇게 했던 것처럼 침례반*에서 자녀로 입양한 자들을 늘 타이르고 책망하십시오. … 만일 여러분의 자녀들이 여러분을 닮고 싶어 한다면 그들은 여러분과 함께 불속에서 불타지 않을 것이며, 여러분과 함께 영원한 상급을 얻게 될 것입니다. 여러분은 그렇게 살고 있습니까?『설교』13.2; 참조 12.3

캐사리우스는 후견인들에게 그리스도인으로서 일관되게 살아야 할 책임이 있다고 경고했다. 그들은 뇌물을 받아서는 안 되고 부

---

* 침례반(font) 혹은 세례반은 중세 기독교에서 침례에 사용하는 물(성수)을 담아두는 용기로, 11세기 이전에는 침수침례를 위한 물통이었다가 그 후 관수세례가 일반화됨에 따라 세례반이 물통을 대신하게 되었다.

당한 이득을 취해서도 안 된다. 그들은 술 취해서도 안 된다. 매주일 교회에 가야하며, 그곳에서 그들은 조용히 예배에 참석하고 자기주장을 하거나 쓸모 없는 대화에 참여해서도 안 된다. 그들은 소득의 십일조를 교회에 바쳐야 하며 "가난한 자들을 구제하기 시작해야 한다." 그들의 모든 행동은 다른 사람들을 잘 배려하는 것이어야 한다. "무엇보다도 여러분이 그들로부터 대접 받고 싶은 대로 그들에게 행하십시오." 또한 이교주의의 유혹에 맞서서 늘 깨어 있는 것을 삶의 특징으로 삼아야 한다.

> 만일 여러분이 샘이나 나무에게 했던 맹세를 이행하는 것을 보거든… 또한 주술사나, 선견자, 마법사를 찾아가 상담을 하거나, 악마적인 부적phylactery, 마법 표식, 약초, 혹은 주술 부적 등을 자신이나 가족들이 패용한 것을 보거든, 그들을 혹독하게 꾸짖으십시오. 그리고 이러한 악을 행하는 자들은 그들의 침례 성례를 상실하게 된다고 말해주십시오. 『설교』 13.2

그렇다면 새로이 침례 받은 회심자들에게 있어서, 무엇이 변화되었는가? 그들의 믿음이 점차 형성되고, 더 커졌으며, 그들 중 일부는 변화된 것이 사실이다. "아를의 교회의 신앙문답"을 형성하는 데 큰 영향을 미친 캐사리우스의 설교Beck 1950:164는 수많은 성경 본문에 오랜 동안 주석을 제공하기도 했다. 여기서 그는 교리를 도덕규범 및 내러티브와 뒤섞었다. 침례예비자 교육 단계에서, 신앙문답

교사는 침례 유자격자들에게 사도신경과 주기도문을 가르쳤다. 만일, 이전 기독교의 실천을 기준으로 한다면, 신념에 대한 캐사리우스의 가르침은 다소 빈약한 것으로 보이며, 그의 공동체 소속에 대한 가르침은 훨씬 더 빈약했다. 아브라함이 그의 본토, 친척, 아비 집을 떠나는 장면인 창세기 12장 설교에서, 캐사리우스는 예비신자들에게 그들도 동일한 것을 행하게 될 것이라고 말했다. "그리스도의 은총의 선물로 말미암아 … 우리의 나라, 곧 육적인 삶을 떠날 수 있으며, 우리의 친척, 즉 악과 죄를 떠날 수 있으며, 우리의 아비 마귀의 집으로부터 달아날 수 있게 되었습니다."『설교』81.2 이전 시대의 교회에서 회심은 새로운 초국가적 백성이 됨으로 종교와 국가, 인종의 정체성 사이의 관습적인 관계에 대해 전례 없는 의문을 품게 만들었다. 하지만 이제 향후 크리스텐덤에서와 마찬가지로 캐사리우스의 아를에서 침례는 기독교를 예비신자의 인종과 출신 장소와 융합하는 사탄의 거부로 귀결되었다.Wilken 1984:123-24

캐사리우스는 신념이나 공동체 소속보다는 행동에 대해서 더 많이 거론했고, 흥미롭게도 후견인이 자신들의 대자녀代子女에게 심어주어야 하는 덕목에 대해서 언급할 때 특히 그렇게 했다. 결국 후견인은 그들의 예비신자들을 위해 하나님과 "언약"을 맺게 되었으며, 이는 "단지 말로만이 아니라 모범을 보임으로 대자녀들에게 선행을 격려하는 것"이 그들의 책임이었다.『설교』229.6;200.6 마찬가지로 대자녀들도 악한 것들을 피해야 했다. 예컨대, 점쟁이를 찾아 묻거나, 부적을 착용하거나, 마술사를 찾아가거나, 자랑하거나 질투하는 등의 악한 일들을 피해야 했다. 반대로 그들은 선한 일들을 해야 했다. 예컨대 열심히, 혹은 자주 교회에 출석하고, "수다스러움을 정죄하고, … 나그네를 영접하고, 그들이 침례식 때 했던 것처럼 손님들의 발을 씻어주어야 한다."『설교』204.3 캐사리우스는 또한 귀가 따갑도록 사람들에게 십일조와 구제의 나눔에 대해서 이야기했다. "무엇보다도 먼저 성직자와 가난한 자들을 위해 모든 소득의 십일조를 교회에 바치십시오. 당신의 소유로 남아 있는 10의 9조에서 자선을 베푸십시오."14.3; 1.12, 2)

그리스도의 교훈을 가르침

이들 선행보다 중요한 것으로 캐사리우스가 교인들의 생각 속에 깊이 새겨두는 일에 몰두했던 "그리스도의 교훈들"이 있었다.『설교』209.3 그 교훈들은 그리스도의 왕국으로의 소속에 관한 것이었으며, 회심의 열매들이었다. 그것들 중에서 가장 탁월한 것은 평화 만들기였다. 이것은 하나님의 은사였으며, 하나님의 가족 안으로 통합되는 축복의 증거였다.

만일 여러분이 평화를 만드는 사람이 아니라면 여러분은 하나님의 자녀가 될 수 없습니다. 여러분이 형제들과 화해하기를 꺼려한다면 여러분은 약속을 받을 수 없을 것입니다. … 이는 진정으로 주님의 명령과 가르침을 거역하고 거부하는 완고함의 죄요, 주님의 교훈으로부터 돌아서는 것입니다. 평화를 만드는 사람에 의해서 전쟁이 절대로 계획될 수 없으며, 화합할 줄 모르는 작자들에 의해서 평화조약은 맺어질 수 없습니다. 주님은 말씀하셨습니다. "원수를 사랑하라." 만일 한 사람이 자신의 원수들을 사랑한다면, 그는 누구도 미워할 수 없을 것입니다. … 원수를 향한 친절은 사랑의 완성입니다. 『설교』 160B

이것은 처녀성을 지키라거나, 술과 고기를 삼가라, 가난한 자들에게 모든 선을 행하라와 같은 단순한 조언이 아니었다. 아니다, "복음서에서 … 우리의 주께서는 우리에게 조언을 하신 것이 아니라, 명령을 하셨습니다. 원수를 사랑하는 것은 명령입니다. … [자기 친구들만 사랑하는 자들은] 이교도나 짐승과 다를 바 없습니다." 『설교』 37.4,7

이에 대해 캐사리우스의 청중들은 항의했다. 예수께서는 자신의 원수들을 사랑하실 수 있었지만, 주님은 신인 반면, 그들은 갈리아인들이 아닌가! 그들에게 그리스도의 교훈들은 "성취하기에는 너무 가혹하며 불가능"했다. 『설교』 365.2 하지만 원수를 사랑하라는 캐사리우스의 권면 때문에 사람들이 그의 양무리의 행동의 변화를 위한 프로그램을 반대한 것은 아니었다. 캐사리우스는 반복해서 인간의 완고함에 직면했고, 그것이 교회에서만큼 노골적으로 나타나는 곳도 없었다. 그는 할 수 있는 대로 아를 교회의 예배를 그 지역 사람들의 취향과 어울리도록 만들려고 했다. 그는 교회력에 맞도록 "아주 감동적인 설교"를 고안했다.『캐사리우스의 생애』19 하지만 그럼에도 불구하고 사람들은 옳지 않은 행동을 했다. 일부는 예배당 밖에서 들어오지 않았다.『설교』74.4 다른 사람들은 예배에 참석은 했지만 그들은 자신들의 불만을 갖가지 방법으로 표현하곤 했다. 예배 중에 사람들"통상적으로 성직자들도 많았다"은 험담과 쓸데없는 수다를 늘어놓았다. 개중에는 성서를 낭독하는 도중에도 말하는 사람이 있었으며, 심지어는 바닥에 드러눕는 이도 있었다.『설교』78.1 소수의 사람들은 오자마자 "자리를 떠났다." 그들은 복음서 낭독 직후 부리나케 예배당을 빠져나가버렸다. 특히 캐사리우스가 설교하기도 전에 말이다. 캐사리우스는 사람들에게 호소하기를, 그들 영혼의 유익을 위하여 자리에 가만히 앉아서 들으라고 했다. 만일의 경우를 대비해서 그는 문을 잠그고 사람들을 가두었다. "전에 도망쳤던 사람들이 하나님의 뜻을 의지할 때까지, 그리고 징계로 인해 영적인 진보를 이룰 때까지 그는 종종 복음서 낭독이 끝난 뒤 문을 닫게 했다."『캐사리우스의 생애』1.27

그리스도인들의 회심-침례 서약의 재확인

캐사리우스는 반복해서 사람들에게 그들이 개인적으로든 아니면 후견인을 통해서든 하나님과 맺은 언약을 삼가 잘 지키라고 호소했다. 그들은 그들이 해서는 안 될 일들을 하고 있었는데, 특히 이교도의 예배로 다시 되돌아간 일이었다. 그들은 이교 신전을 무너뜨리기를 거부했으며, "더 자주 … 나무에 맹세하고, 샘물에게 기도하고, 사악한 주술 행위"를 했다. 또 누군가 "사악한 제단"을 파괴하러 오면, 신전 파괴자를 죽을 때까지 때리겠다고 으름장을 놓았다. 캐사리우스는 도저히 이해할 수 없는 이러한 일들을 목도하곤 했다. "그런데 왜 이리도 못된 인간들이 교회에 나오는 것일까? 침례를 받은 후 신성모독적인 우상숭배로 돌아갈 작정이었다면 무엇 때문에 침례를 받은 것일까?" 캐사리우스는 회중들에게 경고했다. 누구든지 이교적 행위에 가담하는 자는 "그 즉시로 침례를 상실하게 될 것이며, 즉시 불경건한 이교도가 되는 것입니다." 그러한 자들이 영벌을 피하는 유일한 길은 "힘들고도 오랜 기간의 참회하는 자세로 서로 관대한 자선을 나누는 것"이었다.『설교』53.1; 54.1

"침례의 비단옷을 더럽힌" 침례 받은 그리스도인들 중에서 상습적으로 악을 행하는 이들에게, 캐사리우스는 회심을 요구했다.『설교』25.2 "형제들이여, 주님 앞에 회심하기를 미루지 마십시오." 16세기 아를에서 회심이 필요한 자들은 형제들, 기독교 가정의 사람들, 심지어 성직자들도 포함되어 있었다.『설교』2.4 캐사리우스는 그들을 향해 촉구했다. "회개하십시오. 그리고 참회하십시오." "보다 나은 삶으로 돌이키십시오"『설교』108.4; 167.8 그들은 자신들의 주님과 맺은 "언약"을 기억해야 했으며, 그것을 존중해야 했지만 침례 후의 자유분방한 삶이나 이교도로 돌아가고 말았다. 캐사리우스는 사회에서나 교회에서의 사회적 지위와 상관없이 그들에게 호소했다. 또 그는 "남자와 여자, 성직자와 평신도, 청년과 노인, 소년과 소녀들"에게 목소리를 높였다.『설교』64.4 엄청난 죄를 저지를 사람도 회개해야 했지만 아울러 "그리스도의 교훈들을 지키지 않은" 자들도 회개해야겠다.『설교』209.3 어거스틴과 마찬가지로 캐사리우스도 자신의 청중들에게 회개를 미루지 말라고 외쳤다. "지금 일부 경솔한 사람들은 이렇게 말할지 모릅니다. 제가 나이가 들어 늙으면 회개의 치유에 의지하겠습니다." 캐사리우스는 실망했다. 그렇게 머뭇거리고 있는 죄인에게 어떠한 불행이 닥칠지 전혀 예상할 수 없었기 때문이다. 하지만 보다 진지하게, 참된 회개는 말로만 하는 것이 아니라, 자비로운 행위가 뒤따라야 했는데, 이것은 임종시에는 불가능한 것이었다. 믿음 없는 사람들에게 침례 이후 회심에 충실하라고 촉구하기 위해 캐사리우스는 1세기 전 어거스틴이 히포의 예비신자들에게 침례 명부에 서명하도록 만들기 위해서 사용했던 본문과 동일한 무시무시한 본문에 호소했다.『집회서』5:8 "주님께 돌아오기를 주저하지 마십시오 … 왜냐하면 갑자기 주님의 진노가 여러분에게 임하기 때문입니다." 이러한 목적으로, 캐사리우스는 어거스틴의 설교 전문을 채용하기도 했다.

여러분은 계속해서 내일에 또 다른 내일을 더하고 있지만 회개하기를 소홀히 하고 있으니 갑작스러운 죽음이 여러분에게 엄습할지도 모른다는 사실이 두렵지 않습니까? 회심은 선한 일입니다. 그것이 선이라면, 즉시 그것을 이루십시오.『설교』18.2

회심은 분명 선한 것이다. 하지만 캐사리우스가 암시했듯이, 회심의 난점은 그것이 대가를 지불해야 한다는데 있었다. 캐사리우스가 자신의 설교에서 혹평을 했던 좋지 못한 일들을 그치는 것뿐만 아니며, 예수의 교훈들을 실천하기 시작하는 것만이 아니라, 그것은 보상 행위와 참회를 포함하는 것이라야 했다. 주님과의 언약을 재확인하는 길은 구제, 금식, 철야와 기도 등의 당시의 관습적인 참회 훈련들을 해내는 것이었다. 또한 그것은 병든 자와 옥에 갇힌 자를 돌아보고, 나그네를 환대하고, "화목할 줄 모르는 자들을 화목한 삶을 살도록 요청하는" 선행을 포함하는 것이었다. 그리고 회개는 "무엇보다도 우리의 원수를 온전한 마음으로 사랑"하는 것을 포함했다.『설교』60.4; 61.4 구제는 선한 것이지만 그것으로는 충분치 못했다. "이제 만일 우리가 자비로운 마음으로 구제했으나 그리스도의 교훈을 따라 우리가 원수를 용서하지 않고 있다면, 우리는 우리의 육신의 몸은 하나님께 내어드리되 우리 영혼은 대적에게 복종하는 것과 같습니다."『설교』39.4 사람들이 회심을 통해 하나님께 돌아왔을 때, 그들의 복종은 완전해졌던 것이다.

성직자와 독실한 신앙인을 위한 회심

하지만 많은 사람의 반대에 부딪혔던 이 일은 사실 너무 무리한 요구였다. 몇 년이 지나면서 이러한 반대를 처리하기 위한 다양한 방안 중에서 두 가지 방안이 부상했다. 첫 번째는 종교적 삶, 곧 수도원주의였다. 캐사리우스의 청중 중 한 사람은 회심에 대한 초청에 불쑥 다음과 같이 말했다. "나는 젊고 결혼도 했습니다. 그런데 내가 어떻게 머리를 깎고 종교적인 습관을 취할 수 있겠습니까?" 그는 캐사리우스가 설교한 회심의 삶을 탈속적인 것으로 자신과 같은 사람은 도저히 실현할 수 없는 것으로 이해한 것이다. 캐사리우스는 그 젊은이에게 비록 그가 결혼을 했을지라도 회심할 수 있다고 설명해주었다. 그는 진정 삶의 행동이 변화된 훈련된 그리스도인이 될 수 있었다. 핵심은 옷을 바꾸는 것이 아니라 삶의 방식을 바꾸는 것이었다. 캐사리우스는 수사적으로 물었다. "결혼했다는 게 뭐가 문제란 말입니까? 만일 그가 자신의 악한 습관을 착하고 고귀한 습관으로 바꾼다면 말이죠?"『설교』56.3

캐사리우스는 회심은 모든 그리스도인을 위한 것이라고 믿었다. 하지만 오직 성직자에게 그것은 필수요건이었다. 캐사리우스는 어떠한 평신도도 회심 후 최소한 일 년이란 시간이 지나지 않으면 안수를 받을 수 없다고 명시했다.제4차 아를 공의회, 제2조 그가 죽은 지 얼마 되지 않아, 제5차 오를레앙 공의회제9조는 주교에게도 동일한 필수요건을 진술하고 있다. 그들은 반드시 "학식이 있고 검증된 사람들에게 훈련과 영적인 규범에 있어서 보다 충분히 교육을 받아야 한다."Gaudemet 와 Basdevant 1989 최소한 세속적 그리스도인들 중에서, 주교들은 초대교회 그리스도인들과 마찬가지로 신앙문답교육을 받고

---

* 콘베르토(converto)는 '개종시키다,' '회심시키다' 란 뜻의 라틴어로, 해당 영어는 convert이다.

회심한 사람들이어야 했다! 그럼에도 불구하고 회심의 개념과 수도 원적 삶의 연관성은 점차 더욱 강화되었다. 수사와 수녀를 위해 캐 사리우스가 정한 규범에서 그는 콘베르토*converto라는 말을 독실한 신앙인a religious 이 된다는 의미에서 사용한 바 있다. 카롤링 왕조 시 대에 이르러서야 이것은 그 단어의 첫 번째 의미가 되어갔다.Statuta sanctarum virginum 4, 61; Mohrmann 1961:344

수사와 수녀들에게 있어서, 회심은 신념belief의 변화와는 별 관계 가 없었다. 독실한 신앙인은 훌륭한 가톨릭 교인으로서 교회의 정통 가르침을 믿었다. 하지만 독실한 신앙인에게 있어 그 용어는 계속해 서 소속과 행동의 변화라는 강한 의미를 가지게 되었다. 그들에게 있어서 회심은 일차적 사회 단위로서의 가족을 대체한 종교적 공동 체로 들어가는 결과를 수반했다. 이 공동체 안에 속했고, 그 가운데 서 살았으며, 또한 그 안에서 생을 마감했다. 이 새로운 삶으로의 진 입은 대단히 중요한 것이어서 장엄한 서약과 제의로 표명되었기에, 종종 "제2의 침례"라고 불렸다.Malone 1951:128 수사와 수녀의 행동의 변화는 그에 부합할 정도로 드라마틱했고, 청빈과 정숙과 비폭력의 삶의 방식을 받아들어야 했다.Cassian, Conferences 21.32 그러한 관행이 크리스텐덤 속으로 들어옴으로써 복음적 불순응evangelical nonconformi- ty에 대한 증언이 되었다. 독실한 신앙인의 정절은 많은 사람들에게 용기를 고취시켰다. 서방에서 크리스텐덤이 점차 무르익어 가면서, 독실한 신앙인의 삶으로 귀의하는 것을 꿈꿀 수 없었던 수많은 진지 한 평신도들은 그럼에도 불구하고 그들이 소위 "회심"이라고 불렀던 모종의 경험을 추구했다. 캐사리우스는 이러한 반응을 다음과 같이 환영했을 것이다. 이것은 하나님과 하나님의 창조물에 대한 사심 없는 사랑을 투영함으로써 표시되는 영과 생명의 특징으로, 그것이 그들을 "회심하지 않은" 사람과 구별되게 만든다. Van Engen 1986:547 교회 지도자들은 회심을 모든 신자들에게 일반화시키고자 노력했던 캐사리우스를 따랐다면, 이것이 교회의 규모가 커지고 통합된 종교기관이 되는 것을 철저하게 제한했을 수도 있었을 것이다. 그래서 그들은 수사와 수녀들에게 "복음전도적 가르침의 완전함"을 달성하려는 시도를 남겨놓았으며Cassian, Conferences 21.33, 그들 중 많은 이들은 그들의 부르심에 충실했다.

사람들이 고안한 토착 종교(Community Religion)

다른 한 편, 두 번째 접근인 혼합주의는 성장과 맥을 같이 했다. 캐사리우스가 교인들특히 시골 사람들로 하여금 기독교와 이교주의 중 양자택일하게 했을 때 그는 반대에 직면하게 되었다. 그리스도인들은 미래의 불확실성 때문에 당황하거나 뱀에게 물린 상처로 고통을 받았을 때, 그들은 예언자나 마술사의 도움을 받으러 가곤 했다. 캐사리우스는 그들의 "미지근한 신앙"에 대해 격분했으며, "하나님께로 신실하게 돌아설 것"을 촉구했다. 하지만 그는 교인들이 "불경건한 치유"를 받은 후 회복될 때, "보다 쉽게 악마 신앙에" 미혹되어 가는 것을 목도했다.『설교』54.3-4 아! 때로 주문이나 민간요법이 효과가 있었고, 주교가 아무리 많은 괴로움을 겪는다 해도 사람들로 하여금 그것들에 의존하는 일을 단념시킬 수 없었다.

기독교가 북쪽으로 전파되어 가면서, 전 유럽에 걸쳐 사람들은 시골에 남아 있는 기존의 전통적인 신앙 및 토속적인 행습과 마을에 교회를 세웠던 새로운 신앙 사이에서 타협하기 시작했다. 아길란Agi-lan이라는 서고트족Arian Visigoth은 이에 대해 다음과 같이 표현했다.

한 남자가 자신의 일로 이방인의 제단과 하나님의 교회를 지나가다가 양쪽 모두에 경의를 표할 때 아무런 해도 받지 않는다는 것이 우리에게 전해 내려오는 속담이다. Gregory of Tours, 『프랑크족의 역사』, 5.43

그 일이 있은 후 얼마 후 아길란은 강제로 가톨릭으로 개종 당했다. Thompson, 196:10-11 하지만 강제력이 미치지 않는 곳에서는 − 그런 일은 꽤 많이 일어났는데 − 지역민들은 성직자들과 타협했다. 캐사리우스 사후 1세기 뒤에, 선교사로 파송된 주교였던 엘리기우스 Eligius는 대부분의 사람들이 이교도로 이루어진 노용Noyon 근처의 한 마을에서 설교하고 있었다. 그가 "악마적 놀이"와 "기타 미신"들에 대해서 맹비난을 하자, 그 지역 사람들은 그를 중단시켰다.

당신네 로마인들은, 늘 우리를 괴롭히지만, 당신네는 절대로 우리의 전통을 근절할 수 없을 것이오. 늘 해오던 방식대로 우리의 제의를 계속해 나갈 것이며, 항상 그리고 영원히 그렇게 할 것이요. 우리가 고수하고 있는 유서 깊고 가장 소중한 우리의 놀이를 멈추게 할 수 있는 사람은 결단코 없을 것이오. Fouracre 1979:82

이들은 자신들의 놀이를 고수했다. 동시에 그들은 그리스도인들이었다. 사람들은 그리스도인 혹은 이교도에 대한 어떤 선택권이 주어지지 않았다. 강제적인 환경에서 선택의 기회조차 그들에게 주어지지 않았던 것이다. 다만 어떤 종류의 그리스도인이 될 것이냐 하는 것만이 남아 있었다. 대부분의 사람들이 찾은 해답은 "그들이 스스로 고안해 낸 토착 종교"였다. Klingshirn 1994:243

우리는 이러한 토착 종교를 어떻게 평가할 것인가? 선교학자들은 최근 이 토착화inculturation에 대해서 진지하게 살펴보기 시작했으며, 역사학자들도 그들로부터 많은 것들을 배우고 있다.3) 기독교 메시지가 문화적 틀 속으로 끼어들어갈 때, 만일 메시지 전달자들이 그 지역문화에 대해서 무지하다면 그 결과는 문화적 제국주의가 될 수 있다. 다른 한 편, 만일 그들이 지역 문화에 지나치게 많은 주도권을 부여한다면 그 결과는 잘해야 "혼합주의"가 될 것이며, 최악의 경우 "기독교-이교주의"Christo-paganism가 될 것이다. Chupungco 1989:29; Tippett 외 1975 "진정으로 중요한 공생"으로 이어지는 세심한 상호교환이 일어날 때 가장 온전한 모습이 될 것이다. 하지만 이런 일이 일어나지 않는다면, 분명 두 번째 단계가 뒤따라야 한다. 즉, "목회적 양육 사역", 신앙문답 교육 및 생활 형성의 시기인데, 이는 새로운 신앙을 새로운 주류 문화의 제도 및 성찰 가운데 그 본 모습을 표현할 수 있게 하는 것이다.Kahl 1978:49 초기 중세 유럽에서, 그러한 두 번째 단계는 실제로 구체화되지 않았다. 교회 지도자들의 기록을 통해 그들이 몰두하고 있었던 것이 무엇인지를 보여준다. 즉 그들은 재산 분쟁과 주교의 사법권에 대해서 관심을 두고 있었지, 신앙문답 교육에 대해서는 관심을 두지 않았다.Stancliffe 1979:59 캐사리우스가 후견인들에게 명령했음에도 불구하고, 유아 세례를 받은 자녀들에 대해서는 실질적인 공식적인 가르침에 대한 자료는 존재하지 않는다. 결국, 카롤링 왕조 시절, 신앙문답에 대한 관심은 자료에서 명백히 나타난다. 하지만 키프리안이나 크리소스톰, 혹은 캐사리우스의 기준에 따르면 그것은 초보적인 수준에 불과했다. 피르민Pirmin*의 교리문답서들은 대체로 어거스틴의 『첫 번째 교리문답 교육』에 기초하고 있었다.Belche 1977; Engelmann 1959 하지만, 우리가 살펴본 대로, 어거스틴은 이것을 교리문답용으로 기획하지 않았다. 그보다는 교리문답 교사가 누군가를 교리문답을 받도록 설득하기 위해서 맛보기용으로 만든 것이다. 이런 종류의 교리문답용 자료들조차 부족했기에 대부분의 초기 중세교회 성직자들은 사람들이 주기도문과 사도신경을 배우기만 해도 만족해했다.Jegen 1967:209

유럽인들이 개종하고 유럽이 크리스텐덤이 되자 주류 문화는 서구에 출현하는 종교에 대해 엄청난 권력을 행사하기 시작했다.

---

* 프랑크 시대의 주교

1) 그리스도인을 개종시키다: 아를(Arles)의 캐사리우스
  사용된 출처: 캐사리우스, Sermons, in *Mueller* 1956-1973; Sermon 54, in *Klingshirn*
  1994:239; Statuta sanctarum virginum, in de *Vogüé* 1988; Vita Caesarii, in *Klingshirn*
  1994a; Cassan, Conferences, in *NPNF*, 2d ser., 11; Gregory Nazianzus, Oratio 40,
  in *NPNF*, 2d ser., 7.
2) 십일조는 기독교 국가 체제 기독교 이전에는 존재하지 않았던 제도였다.
  서구에서는 그것을 제2차 메이콘(Mâcon) 공의회(585년), canon 5에서 일종의
  기독교 국가세(Christendom tax)를 제정, 교회 가입의 강제 조항으로 삼았다.
  Gaudemet과 Basdevant 1989:2.462; Vische 1966; Kreider 1995:43n를 참조하라.
3) 선교학자들로부터 교회역사학자들이 배웠던 괄목할 만한 예—필자 역시 그들에게
  많은 혜택을 보았다—는 Russel 1994에서 찾아볼 수 있다.

8장. 회심의 산물인 크리스텐덤과 기독교의 미래에 대한 몇 가지 단서들

우리가 지금까지 연구해 왔던 회심의 산물인 "기독교 문명"에 대해서 간단히 살펴보자. 중세 라틴 세계에서, 이러한 문명은 크리스티아니타스Christianitas라고 불렸다. 앵글로 색슨의 세계에서, 9세기 이후 "크리스텐덤"이라고 불렸다.Van Engen 1986:540-41 이 용어는 빠르게 확산되었지만 정의된 적은 거의 없었다. 하지만 피터 브라운의 최근 책 제목, 『기독교 세계의 등장』*The Rise of Western Christendom*: *Triumph and Diversity*, A.D. 200-1000은 이 용어의 정의에 관한 한 가지 힌트를 제공해 준다.1) 브라운은 크리스텐덤의 등장에 관한 자신의 연구를 A.D.200 경에서부터 시작하고 있는데, 때문에 크리스텐덤이라는 용어는 결과적으로 기독교라는 용어와 같지 않다. 기독교의 뿌리는 그보다 훨씬 더 앞으로 거슬러 올라가야 하기 때문이다. 또 그는 자신의 연구를 A.D. 1000년 경에서 그치고 있는데, 때문에 크리스텐덤은 그 때까지 완연하게 등장한 것이 된다. 그것은 그저 단순히 등장하기만 한 것이 아니라 절대로 흔들리지 않을 것 같은 방식으로 서구인들의 마음과 생각을 사로잡아왔다. 브라운이 말한 대로, "크리스텐덤은 영속성이란 부담감을 가진 개념이었다."브라운 1996:315 따라서 이러한 개념은 무슨 의미이며, 그 개념의 기저에 있는 실체는 무엇이고, 그것은 서구 기독교 문명을 위한 토대였을까?

클로비스 왕의 회심

서구의 기독교화에 있어서 전환점을 보여주고 있는 두 개의 회심 이야기가 크리스텐덤의 두드러진 특성을 이해하는데 도움을 줄 것이다. 첫 번째 이야기는 프랑크왕국의 클로비스 왕Clovis에 관한 것이다.2) 5세기 후반, 클로비스의 왕비 클로틸드Clotild의 중보기도와 분명한 복음 증거에도 불구하고 클로비스 왕은 계속해서 그녀의 신앙에 거부감을 가지고 있었다. 그런데 496년, 그의 병사가 알라만니족 Alamanni에 의해서 도륙 당했을 때, 클로비스 왕은 예수 그리스도께 도와 달라고 기도했다. "저는 당신을 믿고 싶습니다. 하지만 먼저 제 원수의 손에서 구원받아야 합니다." 그 후 알라만니족은 꽁무니를 빼고 달아다나가, 클로비스 왕에게 항복했다. 라임Rheim의 주교, 레미기우스Remigius는 클로틸드의 요청에 클로비스 왕에게 와서 "구원의 말씀을 전해"주었고, 우상을 버리고, 참되신 하나님을 믿으라고 권고했다. 자신의 군대가 자신을 따라 기독교로 개종하리라는 것을 알게 된 클로비스 왕은 침례를 받았다. 우리는 그의 침례 예비 교육이 얼마나 길었는지, 그의 교리문답의 내용이 어떠한 것이었는지 알지 못한다. 과연 누가 프랑크왕국의 왕에게 신념, 소속, 행동에 대해서 가르쳤을까? 하지만 우리가 비엔Vienne의 주교 아비투스Avitus로부터 알 수 있는 것은, 클로비스 왕이 교리문답 유자격자꼼페텐스가 되었다는 사실이다. 성탄절 전야가 다가오자부활절 때까지 왕을 기다리게 하지 않기로 결정한 것이 분명하다 클로비스 왕은 라임의 침례탕으로 들어갔다. 탕의 향기가 "향기로운 낙원"으로 변화시켰다. 그곳에서 그는 입회식을 가졌다.

> 그 때 주교단이 당신을 둘러서 그들의 거룩한 사역의 열정으로 당신의 존귀한 지체들 마디마디에 생명의 물을 부었습니다. 그 때 백성늘이 누려워 하나님의 송늘 앞에서 머리를 소아렸습니다. 그 때 당신의 투구 아래 감추어져 있는 존귀한 자물쇠가 성유에 적셔졌고, 흉갑으로 둘러싸인 당신의 가슴이 당신의 침례복처럼 하얗게 빛났습니다.

이러한 이야기는 기독교 전통과의 연속성의 요소가 있음을 보여준다. 즉 흐르는 물에 관수례가 아니라면 침수례, 기름을 바름, 하얀 침례복 등. 그런데 또한 이것은 주목할 만한 변화를 보여주었다. 이전 시기에 침례를 받을 때 벌거벗음의 표시로, 왕은 자신의 갑옷을 벗었기는 했지만, 침례탕에서도 그는 끝까지 투구를 벗지 않았다!3) 왕을 설득하려는 아비투스 주교의 말은 기발했다. "의심하지 마십시오 … 이 부드러운 옷감이 당신의 두 팔에 더 많은 능력을 부여할 것입니다. 행운의 여신이 지금까지 부여했던 것은 무엇이든, 이제부터는 이 성사Sanctity가 부여해 줄 것입니다." 3천 명의 클로비스 왕의 병사들도 동시에 침례를 받았다. 이는 기독교가 서유럽을 정복하면서 일어나게 될 집단적 부족 침례를 예고하는 것이었다. 그가 죽기 몇년 전인 511년, 클로비스 왕은 광대한 갈리아 지역에 대한 그의 지배권을 공고히 다져 나갔는데, 그 과정에서 그는 자신이 발견한 모든 친족들을 제거하였다.『프랑크족의 역사』2,42 클로비스는 정적들을 남겨두지 않았다.

클로비스 왕은 회심했을까? 글쎄, 그럴 수도 있고 아닐 수도 있다. 존 무어헤드John Moorhead가 말했듯이, "살인 행위가 종교적 신념의 실체를 증명하지 못한다." 5세기 후반의 기준에 의하면, 클로비스 왕은 그리스도인이었으며, 메로빙거 프랑크족 가운데서 기독교의 확장을 도모하였다. 진정으로, 프랑크족에게 있어서 "회심은 … 문명화의 과정에서 거쳐야 할 통과의례rite de passage였다."Moorhead 185:338-39 하지만 그 이전 시기의 기준으로 본다면, 클로비스 왕은 그리스도인이 되었다고 말할 수 있을까? 키프리안의 주교에게 있어서, 특히 아비투스 주교와 마찬가지로, 귀족적 이상과 기독교 사이의 깔끔한 동일시는 존재할 수 없었다. 또한 클로비스 왕의 영웅 콘스탄티누스의 경우에서조차 행동의 근본적인 변화 없이 군주가 회심할 수 있다는 관념은 존재하지 않았다.Russell 1994:150-53 그럼에도 불구하고, 클로비스 왕의 회심은 기독교가 서구를 정복하는데 있어서 가장 중요한 사건이었다. 내용상, 그것은 종교적인 "패스트푸드"

에 준하는 것이었다.* 이것은 초기의 회심과는 완전히 다르며, 회심
의 요소인 우상숭배를 거부하고 성직자에게 복종하는 것^{"하나님의 종}
^{앞에 [무릎 꿇는 것]"}도 순식간에 양산될 수 있었다. 그로 인해 클로비스
왕의 회심은 그의 병사들의 회심의 모범이 되었으며, 나중에는 헤아
릴 수 없는 유럽인들의 회심의 모범이 되었다. 그리고 그것은 서구
에서의 크리스텐덤의 특징이 되는 비전과 가치를 반영하고 형성하
게 되었다. 종교-지리정치학에서 또한 그 사건은 중요했다. 그것은
서구 기독교의 중심지를 지중해에서 북유럽으로 옮겨놓는 전환점이
되었다.

클레르몽의 유대인들의 회심

두 번째 이야기는 클레르몽에서 일어난 이야기다. 이곳은 오늘날
프랑스 중남부 지역이다.4) 수 세기 동안 크레르몽의 그리스도인과
이교도인들은 대단위의 유대인들과 어우러져 공존했었다. 매년 부
활절 시즌에는, 클레르몽의 주교 또 다른 아비투스Avitus는 유대인들
의 회심을 위해서 기도했다. 576년 성금요일, 그의 기도는 일부 응
답되었다. 한 유대인이 침례를 받겠다고 요청해 온 것이다. 자료들
은 그가 성토요일에 교리문답을 받았는지에 대해서 말해주지 않는
다. 단 하루 만에 얼마나 많은 것들을 가르칠 수 있었을지 그저 놀라

---

* 패스트푸드가 신속하지만 싼 값에 먹을 수 있는 음식인 것처럼, 삶의 변화가 없이
군주가 회심함으로 그 나라 전체가 기독교 국가가 되는 현상을 빗대어 표현한 것.

울 뿐이다. 하지만 자료들은 부활절 날, 그가 흰 가운을 입고 다른 침례 받은 새신자들과 함께 거리를 행진하고 있었을 때, 어떤 한 유대인이 그의 머리에 역겨운 냄새가 나는 기름을 쏟아 부었다. 이는 그가 조금 전에 받은 기름부음에 대한 고약한 패러디였다. 이 사건은 몇 주간 동안 지역 내부의 긴장을 초래했는데, 이 기간 아비투스 주교는 클레르몽의 그리스도인이 이웃 유대인들에 가한 직접적인 폭력 행위를 제지하느라 많은 어려움을 겪어야 했다. 마침내, 승천 주일, 한 무리의 그리스도인들이 아비투스가 이끌어 가는 행진 중에서 일탈하여, 회당으로 몰려가 회당을 완전히 파괴시켰다. 아미투스는 이러한 방화공격에 대해서 다음과 같은 혹독한 말로 대응했다, 그리스도인 군중이 아니라 유대인을 향해서.

나는 당신들이 하나님의 아들에 대해서 신앙을 고백하도록 무력을 사용하지도 않으며 강요하지도 않습니다. 나는 단지 설교만 할 뿐입니다. … 만일 당신들이 내가 믿는 것을 믿을 준비가 되어 있다면, 여러분의 당신들의 목자인 나와 한 무리가 되어 주십시오. 그렇지 않으려거든 이곳을 떠나십시오.

유대인 지도자들이 이러한 최후통첩을 진지하게 숙고하고 있을 때, 일단의 그리스도인들이 그들이 모인 집을 포위함으로써 압박하였다. 대부분의 유대인들은 회심하기로 동의했으며, 오순절 날, 5백 명도 넘는 유대인들이 물로 씻고, 성유를 붓고, 흰 가운을 입었으며,

"서로 … 함께 모교회의 품으로 들어왔다." 클레르몽에는 큰 기쁨이 있었으니, 이제 모두가 그리스도인이 되었다.

모두라고? 그렇다. 회심을 거부한 유대인 공동체 구성원들은 클레르몽을 떠나 마르세유Marseilles로 이주했는데, 살기에 불편한 곳이었지만 그것을 견뎌내야만 했다.

이 기록은, 클로비스의 회심과 마찬가지로, 기독교 전통과 같은 맥락의 요소를 지니고 있다. 부활절과 오순절의 침례식, 침수immersion와 도유anointing, 새신자를 위한 흰 가운, 이 모든 것들은 대단히 친숙한 것들이다. 하지만 뭔가 새로운 것이 있었다. 전에는 그리스도인을 구별된 사람으로 만들었던 회심은 이제 사람들을 평범한 인물, 즉 거주외국인resident alien*이 아닌 거주자resident로 만들었다. 그래서 아비투스 주교는, 그 도시에서의 종교의 통일을 강제로 실시했다는 점에서 혁신적인 인물이었다. 그는 도시를 비그리스도인으로 남아 있을 여지를 남겨두지 않음으로써, 그는 크리스텐덤의 건축자가 되었다.

물론, 기독교가 서구 유럽의 종교가 되고, 크리스텐덤이 그 특징적인 형태를 갖추어감에 따라 그 동안에 셀 수 없는 회심 사건들이 있었을 것이다. 그들 중 대부분은 전혀 극적이지 않았다. 농노serf들은 지주들의 끈질긴 재촉에 의해, 혹은 클로비스 군대의 병사들처럼 집단 회심 사건이 있었다. 하지만, 많은 사람들은 더 이상 회심이 필

---

* 베드로전서 2장 11절에는 resident aliens를 '거류민'으로 표현한다. '거주외국인'은 그 나라의 시민이 아닌 영주권자인 반면, '거주자'란 시민을 의미한다..

요하지 않게 되었다. 기독교 경험의 윤곽에 변화가 일어난 것이다. 어거스틴 시기로 거슬러 올라가면, 교회에 입문 및 회원이 되기 위해 4단계가 있었지만, 이제 일반적으로 두 가지만 남게 되었다. 첫 단계는 간단하고도 의무적인 것으로 출생 후 며칠, 혹은 수개월 내에 받는 침례다. 두 번째 단계는 나중에, 만일 그것이 실시되는 경우 좀 더 길게 걸리는 단계로서 그 기간은 견진성사*를 하고, 신념과 교회에서의 행동을 위해 부모들이 자녀들을 지도하고, 대부모들이 그들의 대자녀들을 지도했다. 사실상 새로운 영토로 기독교가 빠르게 확산되었던 시기로, 수침자들을 잘 가르치는 것은 필수적인 것이었다. 민중의 영웅적이며 용감한 가치, 전사들의 영광스러운 이야기들, 부와 권력에 대한 찬사, 이 모든 것들은 마치 3세기 이교도적 가치가 로마에서 활발했듯이, 7세기 갈리아 지역에 활발했다. 만일 기독교가 갈리아 사회의 일상에 도전할 수 있는 계시의 종교였더라면, 만일 새로운 습관을 가르치고 새로운 역할 모델을 채택했더라면, 침례식 이후의 목회적 양육에 새로운 형식이 필요했을 것이다. Kahl 1978:49

하지만, 그 시기에 교회 지도자들은 새로운 신자들에 대해서 별 관심이 없었던 것으로 보인다. 예컨대, 주교들은 클로비스 왕에게, 선조들이 콘스탄티누스에게 요청했던 것처럼, 그가 그리스도인이 되기 위해서 교리문답을 받아야 한다는 요청을 하지 않았다. 그들은 왕이 자신의 우선순위와 행동을 변화시켜야 한다는 거의 하지 않

---

* 세례를 받아 교회의 일원이 된 신자가 더욱 굳건한 믿음으로써 마음속에 성령과 그 은총을 풍부히 받도록 안수하는 의식으로 칠성사 중 하나다.

았다. 심지어 왕이 침례를 받으려면 투구를 벗어야 한다는 말조차도 거의 하지 않았다. 대신에, 아비투스 주교는 클로비스에게 기독교의 하나님은 "임금님의 군대에 더 큰 힘을 주실 것입니다"라고 약속했다.Hillgarth 1986:77 회심이 클로비스 왕과 이미 탁월한 그의 3천명의 무장 친위대를 더욱 탁월하게 만들어 줄 것이라니… 그래서 클로비스 왕과 그의 군대는 평범한 갈리아인이자 그리스도인이 되었다. 확실한 것은 기독교의 초기부터 늘 그래왔듯이 회심 사건은 계속해서 일어났는데,conversion continuée 이는 곧 주류 문화와 기독교의 상호적 적응 때문이었다.Fontaine 1972:580 그렇다면 균형은 어떻게 기울기 시작했을까? 콘스탄티누스 이전의 기독교는 오르페우스의 이야기와 성상iconography을 차용해 선한 목자로서의 그리스도에 대한 자신들의 헌신을 표현했었다. 하지만 클로비스 왕이 통치하던 갈리아에서 그리스도인들은 하일Heil*이란 게르만 개념을 이용해 황제의 전쟁을 비준해 주었다. 위의 두가지는 기독교와 문화의 상호작용interplay을 잘 보여주지만, 그것들이 질적으로 다르다고 말할 수 있을까? 실제로 회심의 변질이 있었다는 이 책의 논지가 옳은가? 우리는 이 결과를 무엇이라고 불러야 하나? 전통적인 관점에 따르면, 클로비스 왕의 회심은 유럽의 기독교화의 절정이었다. 로마 가톨릭 역사학자 러셀James C. Russell에 따르면, 그것은 "기독교의 게르만화"Germanization of Christianity의 상징적 사건이었다.Russell 1994 아무리 증거들을 검토한다 할지라도 회심은 "크리스텐덤"이라는 문명화로 귀결되고 말았다.

---

* Heil은 독일어로 '만세,' '행운' 이란 뜻

크리스텐덤의 특징

그러면 크리스텐덤의 특징은 무엇인가? 샤를마뉴의 시기에, 정황들은 당시 상황은 칼뱅의 시기나 혹은 젊은 캐롤 보이틸라Karol Woytila*의 시기와는 매우 달랐다. 대단히 다양한 모습의 크리스텐덤이 존재해 왔다. 하지만 내가 믿기로는 1천 년이 지나는 동안 반복적으로 발생하는 공통의 속성, 가정, 가치들이 있었다. 따라서 이것들은 "크리스텐덤"이라고 부를 만한 공통의 범주를 입증할 만한 충분한 유사성이 있다. 크리스텐덤이란 인간 경험의 모든 영역을 그리스도의 주재권Lordship 하에 굴복시키기를 원하는 문화를 말한다. 이것의 제도와 정신구조는 지금까지 서구에 살고 있는 우리들 속에 존재하고 있다.5) 나는 이들 특징들은 지도자들과 수많은 사람들이 회심의 세 영역신념, 소속, 행동에 대한 모종의 관점을 갖게 되는 방식과 직접적으로 관련되어 있다고 믿는다. 자, 이제 차례로 살펴보자.

1) 공통의 신념: 정통 기독교

크리스텐덤의 신념 체계는 정통 기독교의 체계다. 이는 종교와 세속적 지도자들이 승인한 정통 기독교의 신념 체계를 말한다. 이것은 전체 사회에 대한 "체계적 이데올로기"를 제공한다. 이것은 전체 사회의 "구조적 이데올로기"를 제공한다. 기독교는 "세속사회" 전반에 스며들어 간다. 사회의 정치, 제도, 가치, 그리고 운영지침terms

---

* 후에 교황 요한 바오로 2세가 된다.

of reference 등을 형성한다. 자끄 엘뤽, 『뒤틀려진 기독교』 사람들이 그것의 규범을 무시하거나 혹은 예배 때 잡담을 하든 상관없이 기독교는 문명에 종교적 특징을 부여하고, 의심할 여지없이 많은 사람들의 신앙과 내적인 안전을 제공하는 종교적 상징, 제의, 그리고 "소음noise"을 제공한다. MacMullen 1984:83

이단은 용납될 수 없다. 4세기 말, 교회가 경쟁 상대의 종교들을 금지하기 훨씬 이전에 국가는 교회의 명령으로 이단을 불법화하는 단계로 접어들었다. 크리스텐덤에서는 사람들이 하나님만이 옳다고 생각하는 것은 대단히 중요한 것이었다. 정통 기독교는 진리와 통일성이 중요하기 때문에 어떠한 경쟁상대도 허용하시 않을 것이다. 종교적으로, 크리스텐덤 사회는 단일 정당 국가다. 사상가들은 수많은 현안들에 대해서 논쟁할 수 있지만, 그들은 교회의 신조credal document에 대해서는 의문을 제기하지 못했으며, 사회를 수용하는 교회론에 대해서도 도전할 수 없었다. 이러한 의미에서 "이단"헬라어 하이레시스hairesis에서 유래한 말로, 이는 선택에 기초한 종파를 말한다은 절대로 용납될 수 없는 것이었다. 크리스텐덤에서 오류는 아무런 권리를 갖지 못한다. 일부 장소, 예를 들어 6세기 비록 아비투스의 클레르몽에서나 아니었지만 마르세유와 같은 곳에서 용납될 수 있었던 유일한 타 종교는 유대교였다.

비공식적인 관습들이 살아남다. 우리가 이미 살펴본 대로 크리스텐덤에서 많은 기독교 이전의 토속 신앙과 실천이 살아남아 있었다. 이들 중 어떤 것들은, 사람들이 개종할 때 아무런 저항 없이 기독교화된 것도 있었다. 하지만 다른 것들은 6세기 주교 브라가의 마틴 Martin of Braga와 같은 지도자들에 의해서 심각한 공격을 받기도 했다. 마틴은 갈리시아족 그리스도인들에게 이렇게 주장했다. "침례식 때 여러분이 하나님과 맺었거나 혹은 다른 사람들이 여러분을 위해 맺은 계약pact의 본뜻을 기억하십시오."*On the Castigation of Rustics* 16, Hillgarth 1986:62 이들 어리석은 갈리시안들은 결연히 마귀와의 관계를 끊었지만, 그 후 그들은 "돌과 나무, 샘 곁이나 세 갈래 길이 만나는 곳에 촛불을 켜놓고" 이교도적 화육incarnation을 중얼거리고 부적을 몸에 지니는 등 악마적 의식을 계속했다. 공식적으로는 반대했지만 이들 관습들 중에 상당수가 크리스텐덤에서 지속되어 왔음이 입증되고 있으며, 수많은 지도자들이 "이중 신앙 관습"에 대해 마틴만큼 반대하지 않았던 것이다.Jones와 Pennick 1995:134

종교적 교훈은 종종 초보적인 수준을 벗어나지 못하다. 크리스텐덤에서 신앙문답은 두 가지 방식으로 이루어진다. 2단계로 이루어진 입문 과정 중 두 번째 단계1단계는 침례의식이다로서 혹은 부모나 대부모가 제공하는 비공식적 모범과 교훈이다. 두 가지 방식은 모두 상황에 따라 변화된 모양도 다양하다. 하지만 신앙문답은 종종 초보적 수준을 벗어나지 못했다. 이는 평범한 사람들의 생각을 도전하거나 명료화하는 데 대한 종교적 대안이 존재하지 않았기 때문이다. 나아가,

캐사리우스 시대로부터 지속적으로 크리스텐덤이 갖는 신념은 명약관화하다는 일반적인 전제가 존재해 왔다. 크리스텐덤 사회에 사는 사람들은 그 신념과 관습이 무엇인지를 알고 있다. 성직자들은 종종 주기도문이나 사도신경, 그리고 십계명에 관한 지식을 전달해 주기만 하면 신앙문답 교육이 성공적이라고 보았다.예, Hillgarth 1986:161

사회의 상징, 예술, 제의는 기독교적이다. 기독교적 주제는 크리스텐덤 사회 곳곳에 스며들어 있다. 그것들은 예술가에게 풍부한 내러티브와 이미지의 자원을 제공해 주었으며, 어디를 가나 사람들의 의식을 형성하는 데 영향을 미쳤다. 지배적인 신념에 설득되지 않은 어떤 사람들에게는, 이것은 강압적으로 느껴질 수 있다. 하지만 기독교 사회의 성상iconography은 자연 세계, 점성술, 비기독교적 신화 등으로부터 이미지를 빌려오면서 확대된다.

2) 공통의 소속

크리스텐덤에서 시민 사회 구성원들과 교회의 구성원들은 정확히 일치한다. 존 반 엥엔John Van Engen은 다음과 같은 사실을 관찰했다. "약 1000년 경 이후, 크리스텐덤은 …. 유대인들을 제외하고는 중세 유럽의 모든 사람들을 다 포함하게 되었다."1986: 1046 크리스텐덤에서 모든 사람은 그리스도인이다. 그리고 모든 그리스도인은 거주외국인paroikos이 아니라 거주자, 곧 파로키아누스parochianus이다. 이는 지리적 실체로서 종교적으로나 시민적으로 모두 유익한 "교구” 거주민이라는 뜻이다. 그 거주민은 모두 “교구민들”이다. 결국 동질적인 기독교 사회가 탄생한 것이다. 사람들은 모두가 그리스도인이며, 이는 그들의 믿음 때문도 아니고 걷잡을 수 없을 정도로 엉뚱한데 정신이 팔려 있을 수 있다 그들의 행동 때문도 아니었다. 그들은 초대교회 그리스도인들보다는 고대 튜턴족을 더 닮았을 지도 모른다 그보다는 그들의 소속 때문이다. 그리고 그들의 소속은 유전적이고 지리적인 원초적 실체에 뿌리를 두고 있다. 때때로, 6세기 마르세유에서와 같이, 유대인들은 예외적 존재로 인정받았다. 하지만 다른 시기에 그들은 착취당하거나 핍박을 받았다.

모집–모든 유아의 세례. 초기에는 기독교가 확산되면서, 입교는 일반적으로 신념, 행동과 소속이라는 회심을 경험하고 종종 강력한 하나님 경험을 수반한 성인들의 침례를 통해서였다. 크리스텐덤의 가치관들이 확산되면서, 침례는 점차 출생 직후의 유아 세례로 바뀌고, 설교자는 나중에 후원자가 그들을 대신해서 맺은 언약을 상기시켜주면 그만이었다. 크리스텐덤 시기의 많은 사회에서 유아 세례를 받지 않는 것은 불법적인 것이 되었다. 크리스텐덤 이전 시기의 그리스도인에게 침례의식은 일종의 중요한 경계적 사건liminal event* 이었던 것이 이제 관례화되었다. 이는 그것이 회피할 수 없는 것이기 때문이며, 그것은 제의적의로 형식적인 것이 되었다. Khatchatrian 1982

---

* 경계적 사건(liminal event): 보편적 상식 세계의 경계 밖에서 일어나는 특별한 사건

교회와 그 구성. 교구는 거대하다. 모든 사람이 그리스도인이기 때문에, 교회는 숫자상 모든 사람을 포함하는 것이었으며, 따라서 지역 회중은 종종 매우 비대해진다. 하지만 예배 참석자는 불규칙적이며, 그들의 행동은 조심성이 없거나 불손하다.

교회/국가의 공생관계. 크리스텐덤에서는 교회와 국가 사이의 상호 강화적인 관계가 존재한다. 왕권regnum과 교권 sacerdotium은 공생관계이다. 교회는 국가에 믿음직한 종교적 정당화를 제공한다. 제의적으로 교회의 예배는 시민 집단의 통일을 표현한다. 그 결과 국가는 교회에 보호와 자원을 제공한다. 국가는 교회의 독점권과 사회의 상징적 중심에 교회의 자리를 보호해준다. 만일 필요하다면, 국가는 또한 교회론에 관한 논쟁을 해결해 주고, 16세기 영어 표현으로 "속권secular arm*에 의해 고발될" 이단을 처형하는 것 같은 지저분한 일들을 대신 해줄 수 있다.

선택의 부재. 크리스텐덤의 백성들에게 선택이란 존재하지 않는다.Herrin 1987:479 그들은 지역의 권력을 잡은 자들이 "정통"으로 간주하는 기독교 공동체에 무조건 소속되어야 한다. 이렇게 전체 사회를

---

* 속권(俗權): 중세를 움직이는 두 힘이 속권과 교권으로, 왕은 자신의 권한이 신적인 합법성이 필요했고, 교회는 외부세력으로부터 자신들을 보호해 줄 국가 권력이 필요했다. 일반적으로 속권에 의한 개입은 교회에서 요구하는 것이 아니나 중세에는 교회가 자청해서 속권의 도움을 청하는 일도 있었다. 이단(異端)이나 중대한 부도덕 행위를 처벌함에 있어서 교회에서 내리는 것보다 엄중한 벌을 주는 것이 필요하다고 교회의 고위 성직자가 판단할 때에는 속권의 개입을 청하였다.

아우르는 공동체는 우호적 권고로부터 경찰력의 적용에 이르는 다양한 형태의 제재sanction의 사용을 통해서 출현한다. 그리고 그것은 또한 그것들이 매일 매일 작동함에 따라 출현한다. 종종 교회 출석과 교회 재정 지원을 요구하는 법이 있다. 십일조와 기타 종교세들이 그 예이다 하지만 일반적으로 느슨해지고 위반도 가능할 수 있는 다양한 여지도 존재한다. 그렇지만 이러한 여지가 다른 신념 체계나 종교적 권위를 표현해서는 안 된다. 그것이 크리스텐덤 사회의 통일성을 위협할 수 있기 때문이다.

교회와 세상. 크리스텐덤 사회에서, "세상"에 대한 신약성서의 개념은 신령화되거나 어거스틴의 지상의 도성에서처럼 아니면 외견상 비非 크리스텐덤 사회로 투사된다.

성직자주의. 크리스텐덤 내부에서 기본적인 분리는 교회와 세상이 아니라 성직자clergy와 평신도laity 사이의 분리다. 위계적 단계를 가진 그리스도인들의 직업화된 계급caste은 침례가 제구실을 못함에 따라 제의적으로 인상적인 경계적 사건liminal event인 다양한 형태의 서품ordination과 서임induction에 의해 다른 그리스도인들과 구분되었다. 성직자는 종교적 리더십과 기타 서비스를 제공함으로써 대중들을 섬긴다.

지역주의. 모든 사람이 그리스도인인 크리스텐덤에서는 교회에 소속되는 것과 기타 정체성의 유전자나 지리와 같은 다른 근원 사이에는 강력한 동일시가 존재한다. 크리스텐덤 그리스도인들은 그들이 보편적universal, 공교회catholic church의 일부이며, 그들 중 일부는 보편적 기독교 언어서양에서는 라틴어를 구사할 수 있다. 하지만 기독교 국가들이 서로 맞서 싸우기 위해 전쟁에 나갈 때 명확해지듯이, 지역적 연대감은 초국가적 연대감보다 훨씬 더 강력하다.

선교. 크리스텐덤 사회에서 선교는 거의 강조되지 않는다. 이는 교회들이 자기 교인들을 목양하고 그들의 구조를 유지하는데 온 관심을 기울이기 때문이다. 선교적 관심이 일어날 때, "선교"는 그 결과로 나타날 수 있다. 하지만 선교는 종종 크리스텐덤 교회의 시리적 영역 밖에서, 곧 외국인에게 일어난다. 자국내에서 크리스텐덤 지도자들이 자기 교인들을 향한 선교적 필요를 볼 수 있다. 하지만 이런 일이 발생할 때, 종종 사용되는 언어는 손상된 것이나 잠에 빠진 것의 회복, 즉 "갱신" 혹은 "부흥" 혹은 "재복음화"를 의미한다.

3) 공통의 행동

"그리스도인다운" 행동. 크리스텐덤에서, 그리스도인의 행동은 상식, 전통, 그리고 성서, 특별히 구약성서에 기초한다십계명이 강조된다. 확대 신앙문답 공부는 회심자를 예수의 가르침을 따라 살도록 했던 초기와는 다르게, 크리스텐덤에서 그리스도인의 행동은 당시 주류 사회의 상식을 반영하기에 이르렀다. 그 용어가 갖고 있는 다양한 의미에서 그것은 일반적인 것이었다. 그것은 이상한 것이 아니며 통념적인 "기독교적" 지혜에 이의를 제기하지도 않는다.

행동 규범의 강요. 이러한 일은 이웃의 압력에 의해 이루어진다. 설교가들이 사람들에게 침례식 때 하나님과 맺었던 "계약"을 상기시키는 교회에 의해 이루어진다. 그리고 또한 국가의 법에 의해서도 이루어진다. 크리스텐덤 국가는 법을 위반할 때 적절한 처벌을 가하는, 사회를 위한 기독교적 도덕을 법제화하려고 노력한다. 시민 법정은 교회 법정에 의해서 강화되었는데, 이 법정은 이들 법률을 강화할 수 있었다.

예외적으로 헌신된 그리스도인. 대부분의 크리스텐덤 사회에서는 종교적 헌신이 특출한 사람들이 존재한다. 그들은 '회심'이라고 부르는 삶을 변화시키는 경험을 한 이들이다. 이러한 경험을 통해서 그들은 종종 종교적 표현에 매혹되거나 다른 사람들에게 "열광주의자"라는 인상을 준다. 그러한 그리스도인들은 반복적으로 일부 크리스텐덤 전통이 "완전한 덕행의 권고"counsels of perfection라고 불러왔던 그리스도의 산상설교의 가르침을 실천하고 구현하려는 강렬한 열망을 갖고 있다. 이들은 종종 성직자가 되라는 권고를 받거나 전폭적인 헌신으로 "제2의 침례"라고 부르는 신봉 의식을 부르는 종교적 공동체 구성원이 되라는 권고를 받는다. 크리스텐덤 문화는 헌신된 소수자들의 삶의 방식이 "평범한" 그리스도인을 위한 삶의 방식

을 형성해야 한다는 것을 제안하지 않는다는 조건으로 헌신된 소수
자들을 존경한다.

4) 강제

이것은 크리스텐덤의 세 가지 특성*의 밑바탕에 흐르고 있다. 학
자들은 강제의 다양한 형태를 다양한 방법으로 설명했다. 허버트
버터필드 경Sir Herbert Butterfield은 우리가 살펴본 바 있는 대로, 유인
inducement과 강제compulsion에 대해서 썼다. 보다 구어적으로 짤즈만Mi-
chele Renee Salzman은 "당근과 채찍"이라는 말을 썼다. 한편 맥멀린Ramsay
MacMullen은 특유한 감각을 가지고 "아첨과 구타"flattery and battery라고
표현했다.49 크리스텐덤의 하나의 신념, 동질적 소속, 공동의 행농
은 사람들이 거절할 수 없는 제안이었기 때문에 상당히 널리 확산되
었다. 사람들은 다음과 같은 것을 배웠다. 곧 당신이 "정통" 그리스
도인이 되면 일은 더 잘 될 것이다. 우호적인 설득은 강력했다. 하지
만 그것이 잘 먹혀들지 않을 때이웃 사람들은 때로 순응하지 않는 친구들에게 놀
라울 정도로 관대했다, 공권력이 집행되었다. 재정적 강제도 있었다. 585
년 제2차 메이콘Mâcon 공의회캐논5가 시작되면서 서구의 교회는 교회
유지 및 교회 지도자의 지원을 위해 모든 그리스도인들에게 소득의
10%, 일명 십일조를 세금으로 내도록 요구했다.Gaudemet와 Basdevant
1989:2.462 어떤 지역에서는, 정부가 백성들이 방탕한 삶을 살고, 법
을 지키지 않는 것에 대해 눈을 감아 주었음에도 불구하고 교회 봉사

---

*공통의 신념, 공통의 소속, 공통의 행동을 말한다.

에 참여할 것을 요구하기도 했다. 정부, 대학, 법정과 같은 공공 기관에 참여하는 것은 통상 정통교회의 구성원들로 제한되었다. 학교나 감옥에서, 채플 예배 참석은 의무 사항이었다. 그러한 조항에 순응하지 않는 사람들은 무서운 결과가 기다리고 있었다. 크리스텐덤의 그리스도인들은 이러한 것들을 절대로 핍박이라고 부르지 않았다. 크리스텐덤의 사전에서, 핍박이란 비그리스도인들이 그리스도인들에게 가하는 것일 뿐이다.

크리스텐덤의 그늘에서 살기

따라서 크리스텐덤에서는 그리스도인이 되는 것에 따른 이익이 상당히 컸다. 이득이 없다면 무슨 일이 벌어질까? 4세기에 처음 도입된 유인책과 강제수단을 제거해낸다면 어떤 일이 벌어질까? 서구사회에서 이러한 제거는 수세기동안 점진적으로, 한 꺼풀 한 꺼풀씩 일어났다. 이는 기독교 권력 간의 피의 종교전쟁에 대한 혐오로, 혹은 계몽주의의 영향 및 기독교 비순응주의 단체들의 압박 아래 이루어졌다. 하지만 여전히 많은 곳에서 크리스텐덤의 요소들이 남아있다. 영국에서 이러한 예들 중 하나는 때로 제도적인 현상으로 나타난다. 예를 들어 영국 상원 사무실 오른편에 자리 잡은 26명의 성공회 주교들이다. 그런 것들은 또한 향수를 갖고 있다. 예컨대 기독교의 휴일에 대한 특별한 지위를 법률로 보장하려고 노력했던 "주일을 특별하게 지키자"Keep Sunday Special*는 캠페인이 그 예이다.

그럼에도 불구하고 대부분의 서양사회에서 크리스텐덤은 해체되지 않았다 할지라도 심각한 노쇠의 상태에 있다. 많은 나라에서 일요일마다 쇼핑객들이 쇼핑몰로 쇄도하고 있으며, 일요일 아침은 스포츠 행사를 위한 특별한 시간이 되었다. 사람들은 점차 등을 돌리고 있다. 대부분의 서구사회에서 여론조사를 통해서 알 수 있는 사실은 서구인들이 모종의 신을 믿고는 있으되 교회출석은 점차 반문화적인 활동이 되었다. 이것은 국교회가 없었고 종교간 경쟁이 왕성했던 미국에서 가장 강력하게 나타나고 있다. 스칸디나비아 국가들의 경우 교회출석률이 가장 적지만, 여전히 전체주의적 교회들열성적인 비순응주의자들이 없는은 계속해서 공교회임을 자처하고 있다.

우리가 사는 서구사회 어느 곳에서는 우리는 앞으로도 계속해서 크리스텐덤의 그늘 아래서 살게 될 것이다. 서구에서 하나님의 선교를 위한 무대는 후기 크리스텐덤이 될 것이며, 크리스텐덤의 유산은 여러 가지 방식으로 우리의 삶과 증언에 영향을 미칠 것이다. 신학자들은 계속해서 크리스텐덤 모델의 역사와 현대적 적용가능성에 대해서 논의할 것이다. Hauerwas와 Willimon 1989; O'Donovan 1996; Bolt와 Muller 1996 나는 서구사회의 경험이 가르쳐주는 것은 강제력 없이는 통일된 기독교사회는 세워질 수 없다고 믿는다. 그리고 과거 크리스

---

* "주일을 특별하게 지키자"(Keep Sunday Special)란 캠페인은 1985년 마이클 쉴러터(Michael Schluter) 박사가 영국과 웨일즈에 일요일 상거래를 도입하기 위한 계획에 반대하기 위해 시작된 운동이다. 이 운동은 노동조합, 교회, 정당, 개인 사업과 각종 종교 단체나 비종교 단체의 지원으로 시작되고 운영되며, "주일성수협회"(the Lord's Day Observance Society)와는 무관하다.

텐덤에서와 같은 강제력은 후기 크리스텐덤에서는 불가능하다. 그곳 크리스텐덤에서 살았었고, 그것을 이루었을지 모르지만 지금은 다시 그것을 할 수 없다.

우리가 크리스텐덤의 그늘 아래에서 살면서 서구 기독교의 미래상 위에 드리워진 크리스텐덤의 효과는 다의적이고도 모호하다. 지난 크리스텐덤 시기의 기독교 예술가와 학자들이 세운 엄청난 업적들은 오늘날 많은 사람들의 감수성과 정신에 강력한 호소력을 발휘하고 있다. 그 한 가지 예로 최근 발매된 프랑크 마르탱Frank Martin의 이중합창단을 위한 미사곡Mass for Double Choir CD가 있다. 스위스 출신의 경건한 개혁주의 작곡가 마르탱은 1920년대에 서구의 전형적인 예배서에 맞는 음악을 작곡했다. 1990년대 후반에 런던의 웨스트민스터 대성당 성가대가 그 곡을 취입했다. 이 음악은 천상의 아름다움을 지닌 곡으로 뜨거운 열기 가운데 연주되었다. 그라모폰Gramophone 잡지가 주는 1998년 올해의 음반상을 획득한 것은 충분히 그럴만했다. Hyperion CDA 67017 크리스텐덤의 이러한 에큐메니컬한 산물은 우리의 삶을 풍요롭게 해주었다. 나는 그것이 수많은 서구 유럽인들의 삶을 풍요롭게 해주고, 절망 속에 빠진 문화에서 신비스러움의 환희와 경이를 전해줌으로 그들 중 일부를 매료시킬 수 있다고 생각한다. 하지만 추하고 무가치한 크리스텐덤의 다른 잔해도 여전히 남아 있으며, 많은 사람들에게 이것들은 분명 신앙에 이르는 데 장애가 될 것이다. 이것들 중에는, 내가 보기에, 사람들을 그리스도인의 통제 하에 굴복시키는 접근법들이나 제도들이 포함되어 있다.

특별히, 새천년이 다가오면서, 많은 서구 그리스도인들은 하나님께서 부흥revival과 갱신renewal과 재복음화reevangelization*를 통해 역사하심으로 다시 한 번 그리스도인들이 다스리는 세계를 가져오시리라고 하는 미래에 대한 향수어린 도덕률에 굴복하고 있다. 대체로 많은 서구인들이 이것에 대해 저항할 것은 분명하다. 왜냐하면 그들은 정부 당국자들이 자신들에게 말하거나 하라고 강요하는 것과 기독교를 결부시킬 것이기 때문이다. 크리스텐덤으로 인해, 기독교에 대해 언급할 때 사람들은 지루함 혹은 불쾌감을 경험하게 될 것이다.

기독교의 미래에 대한 오래된 유의미한 개념들

우리는 후기 크리스텐덤post-Christendom에서 살고 있다. 그렇다고 이것이 절망할 이유는 아니다. 대신 그리스도인들의 어깨에서 무거운 짐을 내려놓게 된 해방으로 볼 수 있다. 이것이 분명 후기 크리스텐덤 시대라 할 수는 있겠지만 결단코 후기 기독교 시대는 아니다. 서구사회에서 그리고 전 세계적으로 예수 그리스도의 교회는 살아 있고, 생동감 있고, 희망과 새로운 생각으로 가득 차 있다. 세계의 수많은 곳에서 교회가 빠르게 성장하고 있다. 허버트 버터필드가 50년 전에 감지했던 것처럼, 지금은 "지난 1500년의 기독교 역사에서

---

* 저자는 '부흥', '갱신', '재복음화'에 해당하는 영어 단어에 공통 어근인 re-를 이탤릭체로 표기함으로써 크리스텐덤으로의 회귀를 꿈꾸는 기독교를 암시하고 있다.

가장 중요하고 가장 신나는 시기이다.”1949:135 그리고 놀라운 것은 오늘날 그리스도인들이 갖고 있는 수많은 새로운 생각들이 사실은 오래된 개념들이라는 것이다. 당연한 얘기지만 초대교회는 우리와 멀리 떨어져 있고, 초대교회가 보여준 실천적 행동들은 “당혹스러운 낯설음”으로 다가온다.Brown 1989:xv 그럼에도 불구하고 지난 40년 간 예배학자들, 목회신학자들, 선교학자들은 초대교회로부터 통찰력을 얻어 수많은 현대 그리스도인들의 예배 및 실천을 변화시켜왔다.예를 들어, Field 1997을 보라 버터필드가 잘 예언한 것처럼 초대교회는 이미 후기 크리스텐덤에서 살고 있는 그리스도인들에게 회심에 대한 “유의미한 실마리”의 원천이 되었다. 필자는 초대교회가 훨씬 더 많은 사람들에게 회심의 단초를 제공하는 원천이 될 수 있다고 생각한다.

선교적 민감성

결론적으로 나는 새천년의 전환기에 서구 문화에 대한 기독교 선교가 유의미할 수 있는 세 가지 실마리들에 대해서 언급하고자 한다. 이들 중 첫 번째는 선교적 민감성missiological alertness과 관계가 있다. 초대교회 그리스도인들은 그들 문명을 지배했던 문화적 패턴에 민감했다. 그들은 자신들의 사회 속에서 자신들의 메시지를 구현하고 사회의 내러티브와 관행들을 평가해야 하는 과제에 직면했다. 어떤 것은 활용하고 어떤 것은 개작하고 어떤 건 거부했다. 그래서 그들은 자기 시대의 내러티브와 이미지들에 의존해 하나님의 완전한 자기계시는 예수 그리스도라는 공동체에서 작용하는 하나님의 대항적 내러티브를 만들어 냈다. 또한 "강제력은 하나님께서 일하시는 방법이 아니다"라는 하나님의 대항적 내러티브를 만들어 냈다.『디오그네투스에게 보내는 편지』7.4 선교학적으로 사고하면서, 그들은 주어진 행위가 생명을 주는 지 혹은 속박으로 이어지는지를 사례별로 질문을 던졌다.

속박과 중독에 관해 초대교회 사상가들과 신앙문답 교사들은 모든 사람들이 행하는 당시의 풍속, 즉 치명적인 마귀의 올무에 사로잡힌 사람들에게 특히 민감했다. 저스틴은 당시 로마에 살고 있으면서 밀교 행위, 성적인 모험, 부와 자산의 무한정한 증식, 타종족에 대한 증오와 살상 등에 중독되어 있는 로마인들은 마귀의 "노예와 종"이 되는 것임을 인식하고 있었다.『제1변증서』14 키프리안은 전에 자신이 늘 최고의 것만 입고 먹고 싶어 했던 자신이 실은 "상류층의 고뇌"에 사로잡혔던 것임을 알게 되었다.『도나투스에게』12 어거스틴은 그리스도인으로서 그의 삶 전체에 걸쳐, 그의 회심의 순간에 자신이 "성적인 욕망의 사슬"에 매여 있다는 사실을 지나칠 정도로 깨닫게 되었다.『고백록』6.13 크리소스톰은 거짓 맹세위증만이 아니라 참된 맹세까지도 "파괴적인 마약"으로 보았다.『침례교훈들』10.18 이것들은 예수의 복음이 사람들을 자유케 할 수 있는 곳을 가리키기 때문에 신학적 통찰이라고 할 수 있다. 그리고 최소한 몇 가지 초기 기독교 신앙문답은 이교사회를 망쳤던 중독을 다루고 극복함으로 자유롭게 된 사람들의 공동체를 만드는 것을 목표로 했다.

비교 가능한 선교학적 사고가 현대 서구 사회에서 필수적이다. 포스트모던 시대에는 거대 담론이란 존재하지 않는다고 생각하는 우리는 표층의 아랫부분을 보지 못하는 경향이 있다. 그러한 작업한 사람이 바로 월터 브루그만Walter Brueggemann이다. 그는 성서 이야기에 특별한 숨결을 불어넣는 장본인이다. 그 결과 "군사적 소비주의"military consumerism를 우리 시대의 지배 담론으로 제안하고 있다.Brueggemann 1997:718 그는 옳았는가? 또 다른 거대담론을 찾아낼 수 있는가? 우리는 현대문화의 어떤 면을 예수의 영이 세상 가운데서 역사하시는 표징이라고 기쁨으로 단언할 수 있을까? 크리스텐덤의 어떤 유산이 유용한가? 어떤 유산들이 마음을 어지럽히고 역효과를 내고 있는가? 우리 시대의 중독은 무엇인가? 저스틴은 성적인 표현이란 서구 사회에서 중독성을 지니고 있다고 보는데 별 어려움을 못 느꼈을 것이다. 또 그는 여러 곳에서 밀교 행위에 사로잡혀 살아가는 사람들도 보았을 것이다. 2세기 로마에서와 마찬가지로 오늘날의 부와 폭력이 성sex과 밀교만큼 중독성을 가지고 있음을 저스틴은 인식할까? 만일 우리가 저스틴의 관점의 폭을 공유한다면 우리는 사람들을 해방시키고 그들에게 풍성한 생명을 주시는 예수 그리스도의 메시지를 새로운 매력과 은총으로 선언할 수 있을 것이다. 설교는 새로운 목회적 적실성을 갖게 될 것이다. 신앙문답은 사람들이 직면하는 다양한 범주의 중독으로부터 사람들을 해방시키는 실질적인 방법을 다룰 수 있을 것이다.

회심: 신념과 경험, 행동을 변화시키다

두 번째 적절한 실마리는 회심의 요소들과 관련된 것이다. 우리는 크리스텐덤 이전 시대의 회심은 예비자의 신념, 소속, 그리고 행동의 광범위한 변화와 관련된 것이며, 이것은 아마도 강력한 경험도 동반하는 것이었음을 언급했었다. 4세기와 5세기에, 균형이 기울기 시작했다. 교육은 올바른 신념에 대해 상당한 관심을 기울이게 되었다. 반면에 행동에 대한 가르침은 위축되었다.Kreider 1996; Ferguson 4세기 말엽, 회심을 변질시킨 또다른 강력한 엔진이 생겨났다. 그것이 바로 히포의 어거스틴의 회심으로, 그는『고백록』에서 강력한 문체와 심리학적으로 심도 있게 회심에 대해 묘사했다. 어거스틴의『고백록』은 회심에 대한 교회의 이해에 지연 효과delayed effect를 미쳤다. 우리는 그가 1세기 후 아를Arles에서 캐사리우스가 했던 것처럼, 히포에서 이전 시대의 신앙문답과 의례적 관습을 계속해서 사용하고 있음을 관찰했었다. 그럼에도 불구하고, 후대의 그리스도인들, 특히 개신교 전통에 있는 그리스도인들은 경험을 회심의 가장 중요한 요소로 받아들였다. 이것이 바로 역사가들이 콘스탄티누스가 312년의 환상 경험을 회심이라고 말하는 이유다. 그것은 또한 현대 복음주의적 노선들이 올바른 신념이란 강력한 체험으로 이어져야 한다고 그토록 지나치게 강조하는 이유다.

초대교회 성도들은 우리를 회심의 요소의 균형을 재고하도록 인도한다. 그들은 경험에 대해서 거의 기록을 남기지 않았다. 어거스틴 이전에는 내면세계에 관한 광범위한 문헌이 없었다. 그들은 올바른 신념을 강조했다. 저스틴과 이레니우스 때에도 이것은 이미 자명한 일이었다. 하지만 초대교회 예배가 신자들의 소속감, 즉 그들의 친밀감affinity과 충성심allegiance의 근본적인 변화를 강조하였다는 사실은 우리에게는 너무 극단적인 것처럼 보일 수 있다. 『사도전승』이 변화된 행동을 신앙문답의 핵심으로 강조한 것이 우리에게는 훨씬 낯설게 느껴진다. 우리에게는 이것이 진짜로 괴상한 것이 아닌가라는 인상을 준다. 그토록 "율법적"으로 보이는 기독교가 어떻게 번성할 수 있었을까?

우리는 아마도 우리 자신에게 물을지도 모른다. 초대교회 그리스도인들이 우리에게 뭔가 해줄 말이 있지 않을까? 다음과 같이 가정하는 것이 유익할까? 곧 진리로의 통찰은 실천적 참여로부터 나온다고, 또한 배움은 행위의 산물이라고 말이다. 만일 그렇다면, 이러한 접근법이 초대교회의 회심이 그들 시대의 중독으로부터 변화된 사람들을 만들어낸 이유였던 반면 우리 시대의 복음주의 노선의 교육 프로그램이 사람들을 "개종은 했지만" 삶의 변화를 일으키지 못하는 이유는 아닐까?

신앙 문답 과정의 힘

세 번째 회심에 대한 적절한 실마리는 신앙문답 과정의 형성적 힘과 관련이 있다. 『사도전승』과 기타 초대교회 문서들은 한 사람이 그리스도인이 될 준비를 갖추기 위해서는 수년이 걸리며, 이 기간에 강력한 일들이 일어난다고 보았다. 예비자와 함께 신앙문답 기간에 참여하는 후원자의 헌신은 회심을 통해 얻게 되는 새로운 친밀성과 연대와 지원의 새로운 공동체를 극적으로 보여주었다. 신앙문답교사들과 후원자들의 가르침과 그들이 보여준 삶의 모본, 그리고 문답자들의 실질적인 참여를 통해 문답자의 행동이 진리를 교회가 이해한 방식과 일치하도록 삶을 변화시키는데 집중했다. 예비자들은 그리스도인들의 행동과 배운 대로 실천하는 모습을 관찰함으로써 기독교를 배웠던 것으로 보인다. 신앙문답자로서 키프리안은 "가난한 자를 사랑했습니다"라는 글을 읽을 수 있다.『키프리안의 생애』6 그리고 신앙문답교사들의 질문은 이런 식이었을 것이다: 키프리안과 다른 분답자들은 자신들의 삶속에 있던 중독을 다루는 데 있어서 진보가 있었는가? 그런 식으로 신앙문답 과정은 그리스도 안에서 자유를 나누고, 문답자의 신앙문답 여정에서 각 단계마다 신중하게 고려된 의식 ritual들이 그 특징을 이루도록 고안되었다.

이것은 두 번째 새천년의 끝자락에 서 있는 우리에게 어떠한 적합성을 갖고 있는가? 오늘날 그리스도인이 되는 흥미진진한 측면 중하나는 침례 이전 교육의 중요성을 재발견한 것이다. 다양한 기독교 전통의 신학자들이 이러한 재발견 과정에 참여하고 있다.Hauerwas 1991; Westerhoff 1992; Abraham 1989 하지만 어떤 교회도 성인 입교 예식Rite for the Christian Initiation of Adults을 가지고 있는 로마 가톨릭 교회만큼 이러한 통찰을 개발하고 전파하는 데 많은 일을 하지 않는다. 성인입교예식RCIA은 로마 가톨릭 교회뿐만 아니라 그것을 배운 다른 기독교 전통에도 강력한 영향을 미치고 있다. 신앙문답 과정을 소생시키는 것이 입교에 대한 초기 기독교 예식의 재발견과 관련되어 있음을 발견하는 것이 얼마나 흥미진진한 일인가! 루터교의 스타우퍼S. Anita Stauffer와 같은 신학자들은 4세기의 모델로부터 아이디어를 도출해 내고 있다. 숫적으로 증가하고 있는 로마 가톨릭, 성공회, 루터교회에서, 교회 바닥에 십자가형태의 침례탕을 설치하고 침수례immersion를 시행하는 침례식을 거행할 것이다. 자유교회에서 오랫동안 그렇게 해왔듯이 앞으로도 침례를 강이나 물탱크에서 계속 베풀 것이다. 후기 크리스텐덤에서 사람들이 개종할 때, 예비자들은 크리스텐덤 시대 때보다는 자신이 옛 선택에는 죽고 새로운 가능성과 능력으로 일어나는 것임을 더욱 깊이 인식해야 할 것이다. 당연한 이유겠지만 삶의 총체적인 변화를 수반하는 새로운 출생은 점차로 어느 정도 과감한 예식으로 표현될 것이다.

함리스William Harmless가 말한 대로, 신앙입교예식RCIA은 윤리적 차원보다는 회의 여정의 예식적 차원을 더 많이 발전시켜왔다.Harmless 1995:20 하지만 수많은 나라의 많은 신앙문답교사들에 관한 그의 저술들은 행동의 변화란 회심에서 핵심 요소가 되어야 한다고 지적하고 있다. 미국의 가톨릭 주교단 회의는 얼마 전에 군사주의에 관해 다음과 같이 단언했다:

독실한 그리스도인들이 전 세계 거의 모든 나라에서 소수자가 되었다는 것은 아마도 과거 어느 세대보다도 오늘날 더 분명하다…
신자들로서 우리는 어려운 선교에 참여하는 증인으로서 초대교
회와 다소 쉽게 동일시할 수 있다. 예수의 제자가 되는 것은 지속
적으로 지금 우리가 있는 곳을 넘어서 나아갈 것을 요구하는 것이
다. Challenge 1983:78-79

구성원들이 선교의 어려움에 참여함으로 평화를 만드는 방법과
포스트모던 사회의 중독들을 다루는 방법을 알고 있는 창조적 소수
자가 되기 위해서는 적절한 예식으로 하나님의 은총과 사랑, 능력을
경험하는 것뿐만 아니라 도덕적 실체를 담고 있는 신앙문답 형성교
육이 필수적이다. 초기 기독교는 우리에게 이렇게 물을 것이다: 당
신들은 개종자들이 변화되기를 진정으로 원하는가? 당신들은 통상
적으로 안수받는 사람들에게 안수 과정의 일부로서 실질적인 과제
에 참여하도록 한다. 당신들은 노숙자들 쉼터에서 도움을 베푸는 형
성교육이 중요하다고 가정한다. 개별 학습에 맞춰 모든 침례예비자
들에게 그러한 체험과제를 신앙문답과정의 일부분으로 만드는 것
은 어떠한가? 그리고 중독에 관해서도, 12단계 그룹이 교회에서 진
행되고 있는 프로그램보다 초대교회 전통에 더 가깝다고 할 수 있지
않을까? 우리는 저스틴이 집에서 한 그룹과 함께 모여서 대화하는
장면을 상상해 볼 수 있다. 거기 모인 이들은 이렇게 말할 지도 모른
다. "저는 아무개입니다. 그리고 저는 부와 자산이 증가하는데서 가
장 큰 기쁨을 얻어 왔습니다."『제1변증서』14 그러한 실제적으로나 고백

적으로 우리 시대의 중독과 직면하고 있는 도덕적 신앙문답 수업은 자유와 기쁨이 가능한 교회를 만들어낼 것이다.

회심의 적절성

이러한 교회가 과연 성장할 수 있을까? 누가 알겠는가? 초기 5세기 동안의 교회의 회심에 대한 우리의 연구를 통해 교회가 사람들의 필요에 반응했으며, 사회를 망가뜨리던 충동으로부터 그들을 해방시켜 주었기 때문에 수세기 동안 교회가 성장했음을 살펴보았다. 그 이후로 회심이 변질되기 시작했다. 4세기와 그 이후, 교회는 그 어느 때보다도 빠르게 성장했지만 그 성장은 상투적이고도 강제적인 방법에 의해서였다. 우리는 수세기에 걸친 경험을 통해 배울 수 있고, 이러한 경험과의 통시적 대화에 참여할 수 있으며, 또한 이 대화가 기독교 선교와 현대 문화에 어떤 영향을 미칠지 숙고해볼 수 있다.

초대교회로부터 우리가 배운 것은 교회의 삶과 선교를 변화시키는 것이 가능하다는 것이다. 한 번 생각해 보자. 20세기 말미에 서구의 생활양식은, 기상학자들에 따르면, 지속적으로 생태계를 오염시키고 있다고 한다. 예컨대, 세계 인구의 5%도 안 되는 인구를 가진 미국이 세계 자원의 거의 30%를 소비하고 있으며, 이산화탄소 오염의 가장 많은 몫을 차지하고 있다.Myers 1997:33-34, 7) 더구나, 빈부간의 격차는 미친 듯이 벌어지고 있고, 그 영향으로 사회 환경뿐만 아니라 생태 환경을 오염시키는 결과를 낳고 있다. 역설적이게도, 부유한 서구에서, 물질의 풍요 한가운데서, 비물질적인 가치는 고갈되고 있다. 사람들은 눈코 뜰 새 없이 바쁘게 지낸다. 한번 쓰고 버리는 일회용 문화에서 사람들은 물질을 소중히 여기지 않는다. 관계의 위기와 애처로운 기쁨의 결핍이 존재할 뿐이다.

우리 시대의 신학자들과 목회자들이, 초대교회 전통에서 우리 시대를 선교학적으로 숙고해 보고 생태학적 위기를 초래하는 중독을 다루는 회심의 수단을 제안한다면 어떨까? 우리의 교회가 새 신자나 기신자들에게 키프리안처럼 "가난한 사람들을 사랑하라"고 신앙문답 교육을 실시한다면 어찌 될까? 저스틴처럼 그들이 예수의 가르침에 뿌리내리고 있는 원수들을 위해 기도하고 나누라는 가치를 심어 준다면 어떻게 될까? 우리 교회들의 입교예식이 지구 온난화와 생태계 위기가 강화됨에 따라 사람들을 그리스도의 풍성한 식탁에서 함께 먹는 형제자매 공동체로 들어가는 침례를 베풀면 어떨까? 이러한 교회들이 만족contentment과 연민compassion의 공동체로 알려진다면 어떨까? 만일 그들이 호기심 어린 질문자들에 입에 오르내리고, 칭송을 받고, 귀찮게 따라다니는 일이 일어난다면 어떨까? 과거로부터 배우는 그러한 교회들은 미래에 기여할 진실한 것을 갖게 될 것이다.

1) Judith Herrin(1987)은 유사하게 크리스텐덤에 대해 정의하지 않는다. 하지만 479쪽의 크리스텐덤의 해체(crumbling)를 다루는 문단에서 그녀는 "종교의 지배"와 "선택"의 부재라는 크리스텐덤의 두가지 필수 요소를 나열하고 있다.

2) 사용된 출처: Gregory of Tours, *History of the Franks* 2.31, with significant details provided by Avitus of Vienne's letter to Clovis(c.496), in Hillgarth 1986:77.

3) 이것은 약간 모호한 라틴 텍스트의 그럴듯한 있는 의미이다. "cum sub casside crinis nutritus salutarem galeam sacrae unctionis indueret"(Peiper 1883:75). 필자는 이 텍스트를 번역할 때 야기되는 문제점들에 대해 토론에 임해준 Mark Atherton 박사에게 감사를 표한다.

4) 사용된 출처: Gregory of Tours, *History of the Franks* 5.11, with elaborations from Venantius Fortunatus, Carmen 5.5. 주석을 위해서는 Reydellet 1992와 Goffart 1985를 보라.

5) 크리스텐덤의 또다른 특징에 대한 목록으로는 요더(1984)의 "The Constantinian Sources of Western Social Ethics," 135-41을 보라.

6) Butterfield 1949:136; Salzmann 1993:378; MacMullen 1984:119. 또한 Kahl 1978:42를 보라. 그는 "direkter Zwang und indirekte Nötigung"(직접적인 강제와 간접적인 강요)에 대해 말하고 있다.

7) 필자는 이에 대한 정보를 John Houghton 경에게 빚지고 있다.

Abraham, William J. 1989. *The Logic of Evangelism*. London: Hodder & Stoughton.

Aland, Kurt. 1961. *Über den Glaubenswechsel in der Geschichte des Christentums*. Berlin: Töelmann.

Bardy, Gustave. 1949. *La Conversion au christianisme durant les premiers sièles*. Paris: Aubier.

Barnes, Timothy D. 1981. *Constantine and Eusebius*. Cambridge: Harvard University Press.

————. 1985. *The Conversion of Constantine*. Classical Views n.s. 4:371-91.

Batiffol, Pierre. 1913. *Les Étapes de la conversion de Constantin*. Bulletin d'ancienne littérature et d'archéologie chrétienne 3:178-88, 241-64.

Beck, Henry G. J. 1950. *The Pastoral Care of Souls in South-East France during the Sixth Century*. Analecta Gregoriana, 51. Rome: Pontifical Gregorian University.

Belche, Jean-Pierre. 1977. *Die Bekehrung zum Christentum nach Augustins B hlein De Catechizandis Rudibus*. Augustiniana 27:26-69.

Bogan, Mary Inez, ed. 1968. *Saint Augustine: The Retractions*. The Fathers of the Church, 60. Washington, D.C.: Catholic University of America Press.

Bolt, John, and Richard A. Muller. 1996. Does the Church Today Need a New "Mission Paradigm"? *Calvin Theological Journal* 31:196-208.

Bradshaw, Paul F., ed. 1987. *The Canons of Hippolytus*. Alcuin/GROW Liturgical Study 2. Bramcote, Nottingham: Grove Books.

————. 1996. Redating the Apostolic Tradition: Some Preliminary Steps. In Nathan Mitchell and John F. Baldovin, eds., *Rule of Prayer*, *Rule of Faith: Essays in Honor of Aidan Kavenagh*, O.S.B. Collegeville: Liturgical Press, 3-17.

————. 2001. The Effects of the Coming of Christendom on Early Christian Worship. In Alan Kreider, ed., *The Origins of Christendom in the West*, T&T Clark.

Brown, Peter. 1972. Aspects of the Christianization of the Roman Aristocracy. In his *Religion and Society in the Age of St*. Augustine. New York: Harper & Row, 161-82.

————. 1989. The Body and Society: *Men, Women and Sexual Renunciation in Early Christianity*. London: Faber & Faber.

————. 1996. *The Rise of Western Christendom: Triumph and Diversity*, AD 200-1000. Oxford: Blackwell.

Brueggemann, Walter. 1997. *Theology of the Old Testament: Testimony, Dispute, Advocacy*. Minneapolis: Fortress Press.

Burckhardt, Jakob. 1956. *The Age of Constantine the Great*. Garden City, N.Y.: Doubleday Anchor Books.

Butterfield, Herbert. 1949. *Christianity and History*. NewYork: Charles Scribner's Sons.

Chadwick, Henry, ed. 1953. *Origen: Contra Celsum*. Cambridge: Cambridge University Press.

————. 1965. *Justin Martyr's Defence of Christianity*. Bulletin of the John Rylands Library 47:275-97.

————. ed. 1991. *Saint Augustine Confessions*. Oxford: Oxford University Press.

Challenge. 1983. *The Challenge of Peace*. The U.S. Roman Gatholic Bishops' Pastoral better on War and Peace. London: Catholic Truth Society.

Chastagnol, Andr 1956. Le Sénateur Volusien et la conversion d'une famille de l'aristocratie romaine au bas−empire. *Revue des études anciennes* 58: 241−53.

−−−−. 1962. *Les Fastes de la Préfecture de Rome au Bas−Empire*. éttudes Prosopographiques, 2. Paris: Nouvelles Éditions Latines.

Christopher, J. P., ed. 1952. *St. Augustine: The First Catechetical Instruction*. Ancient Christian Writers, 2. Westminster, Md.: Newman Press.

Chupungco, Anscar J. 1989. *Liturgies of the future*. NewYork: Paulist Press.

Clark, Elizabeth A., ed. 1984. *The Life of Melania the Younger*. Studies in Women and Religion, 14. Lewiston, N.Y.: Edwin Mellen Press.

Coleman−Norton, P. R., ed. 1966. *Roman State and Christian Church: A Collection of Legal Documents to A.D. 535*. 3 vols. London: SPCK.

Connolly, R. Hugh, ed. 1929. *Didascalia Apostolorum*. Oxford: Clarendon Press.

Cooper, James, and A. J. MacLean, eds. 1902. *Testamentum Domini*. Edinburgh: T. & T. Clark.

Cuming, Geoffrey J., ed. 1987. *Hippolytus: A Text for Students*. 2d ed. Bramcote, Nottingham: Grove Books.

Davie, Grace. 1994. *Religion in Britain Since 1945: Believing Without Belonging*. Oxford: Blackwell.

Deléani, Simone. 1979. *Christum sequi: étude d'un theme dans l'oeuvre de saint Cyprien*. Paris: Études Augustiniennes.

Didier, J.−Ch. 1965. *Une Adaptation de la liturgie baptismale au baptême des enfants dans l'Église ancienne*. Melanges de science religieuse 22 (1965):79−90.

Dix, Gregory. 1968. *The Apostolic' Tradition of St. Hippolytus*. 2d ed., rev. Henry Chadwick. London: SPCK.

Donaldson, James, ed. 1886. *Constitutions of the Holy Apostles*. Edinburgh.

Ellul, Jacques. 1986. *The Subversion of Christianity*. Grand Rapids: Eerdmans. (『뒤틀려진 기독교』 대장간역간)

Engelmann, Ursmar. 1959. *Der heilige Pirmin und sein Missionsb hlein*. Konstanz: Jan Thorbecke Verlag.

Ferguson, Everett. 1979. Inscriptions and the Origin of Infant Baptism. *Journal of Theological Studies* n.s. 30:37−46.

−−−−. 1984. *Demonology of the Early Christian World*. Symposium Series, 12. New York: Edwin Mellen Press.

−−−−. 1989. Irenaeus' Proof of the Apostolic Preaching and Early Catechetical Tradition. *Studia Patristica* 18. 3(1989):119−40.

−−−−. 2001, Catechesis and Initiation, In Alan Kreider, ed., *The Origins of Christendom in the West*, T&T Clark..

Field, Anne. 1997. *From Darkness to Light: How One Became a Christian in the Early Church*. Ben Lomond, Calif.: Conciliar Press.

Fink−Dendorfer, Elisabeth. 1986. *Conversio: Motive und Motivierung zur Bekehrung in der Alten Kirche*. Regensburger Studien zur Theologie, 33. Frankfurt−am−Main: Verlag Peter Lang.

Finn, Thomas M. 1990. It Happened One Saturday Night: Ritual and Conversion in Augustine's North Africa. *Journal of the American Academy of Religion* 58/4:589−616.

――――. 1997. *From Death to Rebirth: Ritual and Conversion in Antiquity*. Mahwah, N.J.: Paulist Press.

Fisher, J. D. C., and E. J. Yarnold. 1992. The West from about A.D. 500 to the Reformation. In Cheslyn Jones et al., eds., *The Study of Liturgy*. Rev ed. London: SPCK.

Fontaine, Jacques. 1972, Valeurs antiques et valeurs chrétiennes dans la spiritualité des grands propriétaires terriens à la fin du IVe sièc le occidental, In *Epektasis: Mélanges patristiques offerts au Cardinal Jean Daniélou*. Paris: Beauchesne, 571–95.

Fouracre, Paul. 1979. The Work of Audoenus of Rouen and Eligius of Noyon in Extending Episcopal Influence from the Town to the Country in Seventh–Century Neustria. In Derek Baker, ed., *The Church in Town and Countryside*. Studies in Church History, 16. Oxford: Basil Blackwell, 77–91.

Gallagher, Eugene V. 1990. *Expectation and Experience: Explaining Religious Conversion*. Atlanta: Scholars Press.

Gaudemet, Jean. 1958. *L'Église dans l'Empire Romain*(IVe– Ve siècles). Vol. 3. Histoire du Droit et des Institutions de l'Église en Occident. Paris: Sirey.

――――. and Brigitte Basdevant, eds. 1989. *Les Canons des conciles Mérouingiens* (VIe– VIIe siècles). 2 vols. Sources chrétiennes, 353–54. Paris: Cerf.

Geerlings, W. 1987. Bekehrung durch Belehrung: Zur 1600. Jahresfeier der Bekehrung Augustins. *Theologische Quartalschrift* 167 (1987):195–208.

Goffart, Walter. 1985 The Conversions of Avitus of Clermont, and Similar Passages in Gregory of Tours. In J. Neusner and E. S. Frerichs, eds., *"To See Others as Others See Us": Christians, Jews, "Others" in Late Antiquity*. Chico, Calif.: Scholars Press, 473–97.

Hamman, Adalbert. 1992. Catechumen, Catechumenate. In *Encyclopedia of the Early Church*, ed. Angelo di Berardino, I. Cambridge: James Clarke, 151–52.

Harkins, Paul W., ed. 1963. St. *John Chrysostom: Baptismal Instructions*. Ancient Christian Writers, 31. Westminster, Md.: Newman Press.

Harmless, William. 1995. *Augusiine and the Catechumenate*. Collegeville: Liturgical Press.

Hauerwas, Stanley. 1991. *After Christendom*. Nashville: Abingdon Press.

Hauerwas, Stanley, and William H. Willimon. 1989. *Resident Aliens*. Nashville: Abingdon Press.

Hefele, Joseph. 1908. *Histoire des Conciles*. Vol. 2, i. Paris: Letouzey et An

Herrin, Judith. 1987. *The formation of Christendom*. Princeton: Princeton University Press.

Hill, Edmund, ed. 1990–1993. *Saint Augustine, Sermons*. The Works of Saint Augustine, III/1–6. New York and New Rochelle, NY: New City Press.

Hillgarth, J. N., ed. 1986. *Christianity and Paganism, 350–750*. Philadelphia: University of Pennsylvania Press.

Hornus, Jean–Michel. 1980. *It Is Not Lawful for Me to FIght: Earty Christian Attitudes Toward War, Violence and the State*. Rev. ed. Scottdale, Pa.: Herald Press.

Jegen, M. E. 1967. Catechesis II (Medieval and Modern). In *New Catholic Encyclopedia*, 3. New York: McGraw–Hill, 209–215.

Jones, Prudence, and Nigel Pennick. 1995. *A History of Pagan Europe*. London:

Routledge.

Joubert, Annie, ed. 1960. *Origène, Homélies sur Josué*. Sources chrétiennes, 71. Paris: Cerf.

Judge, E. A. 1977. The Earliest Use of Monachos for "Monk"(P. Coll. Youtie 77) and the Origins of Monasticism. *Jahrbuch für Antike und Christentum* 20:72-89.

Kahl, Hans-Dietrich. 1978. Die ersten Jahrhunderte des mis-siongeschichtlichen Mittelalters. In Knut Schäferdiek, ed., *Kirchengeschichte als Missionsgeschichte*, IIa, Die Kirche des fr en Mittelalters. Munich: Chr. Kaiser, 11-76.

Kee, Alastair. 1982. *Constantine Versus Christ: The Triumph of Ideology*. London: SCM Press.

Khatchatrian, A. 1982. *Origine et typologie des baptistères paléochrétiens*. Mulhouse: Centre de culture chrétienne.

Klauser, Theodor. 1962. Bischöfe auf dem Richterstuhl. *Jahrbuch für Antike und Christentum* 5:172-74.

Klingshirn, William E. 1994. *Caesarius of Arles: The Making of a Christian Community in Late Antique Gaul*. Cambridge: Cambridge University Press.

----. ed. 1994a. *Caesarius of Arles: Life, Testament, Letters*. Translated Texts for Historians, 19. Liverpool: Liverpool University Press.

Kreider, Alan. 1995. *Worship and Evangelism in Pre-Christendom*. Alcuin/GROW Liturgical Study 32. Cambridge: Grove Books(『초대교회의 예배와 복음전도』 대장간역간)

----. 1996. *Baptism, Catechism, and the Eclipse of Jesus' Teaching in Early Christianity*. Tyndale Bulletin 47/2:315-48.

----. 1997. Oaths. In Everett Ferguson, ed., *Encyclopedia of Early Christianity*, 2. New York: Garland Publishing, 823-24.

Labriolle, Pierre de. 1927. Paroecia. *Bulletin du Cange*(Archivum Latinitatis Medii Aevi) 3:196-207.

Laeuchli, Samuel. 1972. *Power and Sexuality*. Philadelphia: Temple University Press.

Lane Fox, Robin. 1986. *Pagans and Christians*. San Francisco: Harper & Row.

Latourette, Kenneth Scott. 1944. *A History of the Expansion of Christianity*. I: The FIrst FIve Centuries. London: Eyre and Spottiswoode.

Lepelley, Claude. 1979. *Les Cites de l'Afrique Romaine au Bas-Empire*, I. Paris: Études Augustiniennes.

----. 1984. Chrrétiens et paiens au temps de la persécution de Dioclétien: le cas d'Abthungi. *Studia Patristica* 15:226-32.

Lizzi, Rita. 1990. *Ambrose's Contemporaries and the Christianization of Northern Italy*. Journal of Roman Studies 80: 156-73.

Lohfink, Gerhard. 1986. 'Schwertzer zu Pflugscharen': Die Rezeption von Jes 2, 1-5 par Mi 4, 1-5 in der Alten Kirche und im Neuen Testament. *Theologische Quartalschrift* 166:184-209.

Lombardo, Gregory J., ed. 1988. *St Augustine: On Faith and Works*. Ancient Christian Writers, 48. New York: Newman Press.

Lynch, Joseph H. 1986. *Godparents and Kinship in Early Medieval Europe*. Princeton: Princeton University Press.

MacDonald, Margaret Y. 1996. *Early Christian Women and Pagan Opinion: The Power of the Hysterical Woman*. Cambridge: Cambridge University Press.

MacMullen, Ramsay. 1969. *Constantine*. London: CroomHelm.

----. 1983. *Two Types of Conversion to Early Christianity*. Vigiliae Christianae 37: 174-92.

----. 1984. *Christianizing the Roman Empire*(A.D.100-400). New Haven: Yale University Press.

----. 1988. *Corruption and the Decline of Rome*. New Haven: Yale University Press.

----. 1990. Judicial Savagery in the Roman Empire. In his *Changes in the Roman Empire: Essays in the Ordinary*. Princeton: Princeton University Press, 204-17.

----. 1997. *Christianity and Paganism in the Fourth to Eighth Centuries*. New Haven: Yale University Press.

----. and Eugene N. Lane, eds. 1992. *Paganism and Christianity*, 100-425 C.E.: A Sourcebook. Minneapolis: Fortress Press.

Madec, Goulven. 1986. Conuersio. In Cornelius Meyer, ed., *Augustinus Lexikon*, 1. Basel: Schwabe.

Malone, Edward E. 1951. Martyrdom and Monastic Profession as a Second Baptism. In A. Mayr, J. Quasten, and B. Neunheuser, eds., *Vom Christlichen Mysterium: Gesammelte Arbeiten zum Gedächtnis von Odo Casel* OSB. D seldorf: Patmos Verlag, 115-34.

Meeks, Wayne A. 1993. *The Origins of Christian Morality: The First Two Centuries*. New Haven: Yale University Press.

Meeks, Wayne A., and Robert L. Wilken. 1978. *Jews and Christians in Antioch in the First Four Centuries of the Common Era*. Society of Biblical Literature, Sources for Biblical Study, 13. Missoula, Mont.: Scholars Press, 1978.

Miles, Margaret R. 1989. *Carnal Knowing: Female Nakedness and Religious Meaning in the Christian West*. Boston: Beacon Press.

Mitchell, Stephen. 1993. *Anatolia: Land, Men, and Gods in Asia Minor. II: The Rise of the Church*. Oxford: Clarendon Press.

Mohrmann, Christine. 1961. *Études sur le Latin des Chrrétiens*, 2. Rome: Edizioni di Storia et Letteratura.

Moorhead, John. 1985. Clovis' Motives for Becoming a Catholic Christian. *Journal of Religious History* 13:329-39.

Mueller, Mary Magdaleine. ed. 1956-1973. *Saint Caesarius of Arles: Sermons*. 3 vols. The Fathers of the Church, 31, 47, 66. Washington, D.C.: Catholic University of America Press.

Musurillo, Herbert, ed. 1972. *The Acts of the Christian Martyrs*. Oxford: Clarendon Press.

Myers, Norman. 1997. Consumption in Relation to Population, Environment and Development. *The Environmentalist* 17:33-44.

Nautin, Pierre, and Marie-Thérèse Nautin, eds. 1986. *Origène, Homélies sur Samuel*. Sources chrétiennes, 328. Paris: Cerf.

Nock, Arthur Darby. 1933. *Conversion*. Oxford: Clarendon Press.

O'Donovan, Oliver. 1996. *The Desire of the Nations: Rediscovering the Roots of Political Theology*. Cambridge: Cambridge University Press.

Parsons, Wilfrid, ed. 1953. *Saint Augustine, Letters*, II(83-130). The Fathers of the Church, 18. Washington, D.C.: Catholic University of Amehca Press.

----. ed. 1953a. *Saint Augustine, Letters* III (131-164). The Fathers of the Church,

20. Washington, D.C.: Catholic University of America Press.

Peiper, Rudolf. 1883. *Alcimi Ecdicii Aviti Viennensis Episcopi Opera*. MGH AA VI.2. Berlin: Weidmann.

Périchon, Pierre, ed. 1962. *Origène, Homélies sur S. Luc*. Sources chrétiennes, 87. Paris: Cerf.

Pharr, Clyde, ed. 1952. *The Theodosian Code and Novels and the Sirmondian Constitutions*. Princeton: Princeton University Press.

Piédagnel, Auguste, ed. 1990. *Jean Chrysostome: Trois cate-chèses baptismales*. Sources chrétiennes, 366. Paris: Cerf.

Poque, Suzanne, ed. 1966. *Augustin d'Hippone: Sermons pour la Pâque*. Sources chrétiennes, 116. Paris: Cerf.

Quacquarelli, Antonio. 1971. *Note retoriche sui Testimonia di Cipriano*. Vetera Christianorum 8:181-209.

Reinhold, Meyer. 1970. *History of Purple as a Status Symbol in Late Antiquity*. Collection Latomus, 116. Brussels: Latomus.

Reydellet, Marc. 1992. La conversion des Juifs de Clermonten 576. In Louis Holtz and Jean-Claude Fredouille, eds., *De Tertullien aux Mozarabes*(FS J. Fontaine). Paris: Études Augustiniennes: I, 371-79.

Richardson, C. C., ed. 1970. *Early Christian Fathers*. NewYork: Macmillan.

Rohr, Richard. 1991. *Simplicity: The Art of Living*. NewYork: Crossroad.

Rousseau, Philip. 1994. *Basil of Caesarea*. Berkeley: University of California Press.

Russell, James C. 1994. *The Germanization of Early Medieval Christianity: A Sociohistorical Approach to Religious Transformation*. New York: Oxford University Press.

Salzman, Michelle Renee. 1993. The Evidence for the Conversion of the Roman Empire to Christianity in Book 16 of the *Theodosian Code*. Historia 42:362-78.

Skarsaune, Oscar. 1976. *The Conversion of Justin Martyr Studia Theologica (Oslo) 30:53-73*.

Snyder, Graydon F. 1985. *Ante Pacem: Archaeological Evidence of Church Life Before Constantine*. Macon, Ga.: Mercer University Press.

Srawley, J. H. 1919. St. *Ambrose, On the Mysteries*. London, SPCK.

Stancliffe, C. E. 1979. From Town to Country: The Christianisation of the Touraine, 370-600, In Derek Baker, ed., *The Church in Town and Countryside*. Studies in Church History, 16. Oxford: Basil Blackwell, 43-59.

Stark, Rodney. 1996. *Reconstructing the Rise of Christianity: Adventures in Historical Sociology*. Princeton: Princeton University Press.

Stauffer, S. Anita. 1994. *On Baptismal Fonts: Ancient and Modern*. Alcuin/GROW Liturgical Study 29-30. Bramcote, Nottingham: Grove Books.

Stevenson, J., ed. 1987. *A New Eusebius: Documents illustrating the History of the Church to A.D. 337*. Ed. W. H. C. Frend. London: SPCK.

Taber, Charles R. 1987. God vs. Idols: A Model of Conversion. *Journal of the Academy for Evangelism in Theological Education* 3:20-32

Talley, Thomas J. 1991. *The Origins of the Liturgical Year*. Collegeville, Minn.: Liturgical Press.

Thompson, E. A. 1960. *The Conversion of the Visigoths to Catholicism*. Nottingham

Medieval Studies 4:4-35.

Tippett, Alan R., Tetsunao Yamamori, and Charles R. Taber. 1975. *Christopaganism or Indigenous Christianity?* Pasadena, Calif.: William Carey Library.

Van der Meer, F. 1961. *Augustine the Bishop: The Life and Work of a Father of the Church.* London: Sheed & Ward.

Van Engen, John. 1986. *The Christian Middle Ages as An Historiographical Problem.* American Historical Review 91:519-52.

Veilleux, Armand, ed. 1980. *Pachomian Koinonia. I: The Life of Saint Pachomius and His Disciples.* Kalamazoo, Mioh.: Cistercian Publications.

Vischer, Lukas. 1966. *Tithing in the Early Church.* Philadelphia: Fortress Press.

Vog , A. de, and J. Courreau, eds. 1988. *Césaire d'Arles, OEuvres Monastiques* I. Sources chrétiennes, 345. Paris: Cerf.

Wessels, Anton. 1994. *Europe: Was It Ever Really Christian? The Interaction Between Gospel and Culture.* London: SCM Press.

Westerhoff, John H. 1992. Fashioning Christians in Our Day. In Stanley Hauerwas and John H. Westerhoff, eds., Schooling Christians: *"Holy Experiments " in American Education.* Grand Rapids: Eerdmans, 262-81.

Whitaker, E. C., ed. 1970. *Documents of the Baptismal Liturgy.* Rev. ed. London: SPCK.

Wiles, Maurice F. 1963. The Theological Legacy of St. Cyprian. *Journal of Ecclesiastical History* 14:139-49.

Wilken, Robert L. 1984. *The Christians as the Romans Saw Them.* New Haven: Yale University Press.

----. 1995. *Remembering the Christian Past.* Grand Rapids: Eerdmans, 1995.

Wilkinson, John, ed. 1981. *Egeria's Travels to the Holy Land.* Rev. ed. Jerusalem: Ariel.

Wischmeyer, Wolfgang. 1992. *Von Golgatha, zum Ponte Molle: Studien zur Sozialgeschichte der Kirche im dritten Jahrhundert.* Forschungen zur Kirchen- und Dogmengeschichte, 49. G tingen: Vandenhoeck & Ruprecht.

Wright, David F. 1987. The Origins of Infant Baptism-Child Believers' Baptism? *Scottish Journal of Theology* 40:1-23.

----. 1997. At What Ages Were People Baptized in the Early Centuries? *Studia Patristica* 30:389-94.

----. 2001, Augustine and the Transformation of Baptism. In Alan Kreider, ed., *The Origins of Christendom in the West.* T&T Clark.

Yarnold, E. J. 1971. *The Awe-Inspiring Rites of Initiation.* Slough, England: St. Paul Publications.

----. 1993. The Baptism of Constantine. Studia Patristica 26:95-101.

Yoder, John Howard. 1984. *The Priestly Kingdom: Social Ethics as Gospel.* Notre Dame: University of Notre Dame Press.

저스틴 : 『트리포와의 대화』 *Dialogue with Trypho* , 『제1 변증서』 *Apology*, 『제2 변증서』 *Apology*

키프리안 : 『도나투스에게』 *Ad Donatum* , 『죽음에 관하여』 *De Mortalitate* , 『편지』 *Epistle* , 『퀴리누스에게』 *Ad Quirinum*

오리겐 : 『누가복음 설교』 *Homilies on Luke* , 『사무엘 설교』 *Homilies on Samuel* , 『율리우스 아프리카누스에게 보내는 편지』 *Epistle to Julius Africanus* , 『여호수아서 설교』 *Homiles on Joshua* , 『켈수스에 대한 반박』 *Contra Celsum*

어거스틴 : 『고백록』 Confessions, 『설교』 *Sermon*, 『재고록』 *Retractions*, 『시편 주해』 *Enarr in Ps* , 『첫 번째 신앙문답교육』 *First Catechetical Instruction* , 『신앙과 행위에 관하여』 *On Faith and Works*

터툴리안 : 『침례에 대하여』 *On Baptism* , 『그의 아내에게』 *To His Wife*

이레니우스 : 『사도적 가르침의 증거』 *Proof of the Apostolic Preaching* , 『이단 논박』 *Adversus Haereses*

콘스탄티누스 : 『성도들을 향한 연설』 *Oration to the Assembly of Saints* , 『연설』 *Oration*

폰티우스, 『키프리안의 생애』 *Vita Cypriani*

히폴리투스, 『사도전승』 *Apostolic Tradition/Traditio Apostolica*

미누키우스 펠릭스, 『옥타비우스』 *Octavius*

쿠아드라투스, 『디오그네투스에게 보내는 편지』 *Epistle to Diognetus/Ad Diognetum*

아리스티데스, 『변증서』 *Apology*

아테나고라스, 『변호론』 *Legatio*

그레고리, 『찬가』 *Panegyric*

유세비우스, 『콘스탄티누스의 생애』 *Vita Constantini*[VC]

요한 크리소스톰, 『침례교훈들』 *Baptismal Instructions*

에게리아, 『여행』 *Travels*

암브로스, 『신비론』 De Mysteriis

클레멘트, 『제2 클레멘트 서신』 *2 Clement*

기타 : 『수난 사화』 *Passio Perpetuae* , 『사도계율』 *Didascalia Apostolorum* , 『저스틴 순교행전』 *Acts of Justin* , 『키프리안 순교행전』 *Acta Cypriani* , 『파코미우스의 첫 번째 그리스 생활』 *First Greek Life of Pachomius* , 『히폴리투스 정경』 *Canons of Hippolytus* , 『엘비라의 규범들』 *Canons of Elvira* , 『테오도시아누스 법전』 *Codex Theodosianus*[CT], 『필리어스 행전』 *Acts of Phileas* , 『히폴리투스 규범』 *Canons of Hippolytus* , 『테스타멘툼 도미니』 *Testamentum Domini* , 『사도헌장』 *Apostolic Constitutions* , 『연설』 *Oratio* , 『캐사리우스의 생애』 *Vita Caesarii*[VC], 『집회서』 *Sirach*